Libro de Santa Rita de Cascia para Esposas

Escrito por Saúl Cruz

Libro de Santa Rita de Cascia para Esposas

Contents

Una Nota del Autor

Querida lectora,

Al leer estas líneas, permíteme compartir la sinceridad de mi intención detrás de la escritura de este libro. Es un testimonio simple pero profundo de amor y gracia dedicado especialmente para ti y todas las esposas allí fuera que están navegando a través del laberinto de sus vidas matrimoniales.

Las poderosas pero poco comunes historias de Santa Rita siempre han tenido un lugar especial en mi corazón, sirviendo tanto de guía como de consuelo en momentos desconcertantes. Me embarqué en un viaje para escribir este libro, esperando compartir estas luces guía y ayudarte a encontrar tu propio consuelo, fuerza y fe en el corazón de tus relaciones.

Las oraciones, lecciones y la novena contenidas en estas páginas se inspiran en gran medida en la vida y las virtudes de Santa Rita de Cascia - nuestra Patrona de los Casos Imposibles, un símbolo de esperanza contra toda adversidad, testimonio del poder sanador del perdón y ejemplo de resiliencia en medio de dificultades maritales y circunstancias sin precedentes. Su vida subraya la esencia de esta guía espiritual.

La idea de compartir fuerza y fe contigo a través de las oraciones en este libro calienta mi corazón enormemente. Mientras recitas cada oración y novena, visualiza tu voluntad y espíritu entrelazándose con la gracia intencionada de Santa Rita, guiándote en tu viaje espiritual. Estos pasajes alentadores son el puente a tu fuerza y resiliencia interior; reparan corazones, curan heridas, traen amor y encienden un nuevo fervor por mantener tu fe durante la hora más oscura.

Al interactuar diariamente con las oraciones de este libro, me encontré viviendo con un entendimiento más profundo del amor en mi matrimonio y una fe renovada. Pero aunque el camino hacia la fe rara vez nos lleva donde queremos ir, lo divino es siempre misericordioso, siempre amoroso, siempre a nuestro alcance, listo para levantarnos en nuestros momentos más oscuros y guiarnos hacia la verdadera iluminación de nuestras almas. Que el viaje de Santa Rita te inspire mientras te embarcas en tu única aventura espiritual.

La escritura de este libro ha sido un viaje de oración, esperanza y profundas percepciones personales sobre mi fe. A pesar de que el camino estaba lleno de dudas y tropiezos, la gracia de Santa Rita y el apoyo de mis queridos lectores me impulsaron hacia adelante.

Estoy profundamente conmovido de compartir este viaje contigo. Que este libro sirva como un testimonio de la fe inquebrantable que ilumina incluso los callejones más oscuros del complicado viaje de la vida, el poder radiante del amor que perdura todas las transgresiones, y el apoyo divino que nunca te abandona. Que proporcione consuelo, fuerza y guía a todas las esposas que navegan por sus complejos paisajes matrimoniales.

Que Dios esté contigo ahora y siempre,

Saul Cruz.

La Vida de Santa Rita de Cascia

El sol estaba lanzando lentamente su esplendor sobre el modesto pueblo de Roccaporena en Italia, pintando un retrato radiante de la joven Rita, conocida entonces como Margherita Lotti. La vida había decidido, desde el principio, marcar a Margherita con el santo emblema de las luchas. Pero esos retos iniciales simplemente profetizaban el excepcional camino que estaba ordenada a seguir. En los suaves márgenes de la juventud, Margherita se casó con Paolo Mancini, cuyo carácter impredecible e infidelidad habrían roto a innumerables otros. Pero Margherita, encarnando las enseñanzas de Cristo, lo soportó todo con un paño tejido de paciencia y perdón, reflejando la sublime luminosidad de su fe en Paolo. Ella protegió sus dolores a través del velo de su inquebrantable creencia, erguida como un faro de fortaleza en el cristianismo.

Su amor sin límites transfiguró a su problemático esposo. De las fuerzas volátiles de su voluntad emergió una criatura suavizada y gentilizada por la incesante fe de Margherita, solo para que el divino plan del creador le arrebatara de su vida en un brutal acto de asesinato, dejando un sangrante silencio en su corazón.

Pesando mucho en su duelo estaban las muertes de sus dos hijos, sumergiendo a Margherita aún más en el abismo de la tristeza. Pero los minns de su fe tocaban una melodía resistente mientras miraba las atrocidades esparcidas en su vida por la mano divina. Dándose cuenta de su propósito, se volvió hacia el consuelo espiritual del monasterio en Cascia, con la esperanza de sumergir las penas de su vida en las aguas santas de una vida de oración.

Sin embargo, en su humilde intento de unirse al monasterio, se encontró con muros de hierro de negación. Su pasado, teñido con el escándalo del asesinato de su esposo, parecía eclipsar su ardiente espiritualidad. Pero Rita era una criatura tallada en la persistencia. Armada con su fe arraigada, transformó su duro calvario en una misión divina. Traspasó los estigmas sociales, ofreciendo una mano amorosa en la resolución de disputas que pesaban sobre las familias desde hace generaciones. Su sinceridad, reflejada en sus incansables esfuerzos, finalmente inclinó a las monjas. La acogieron en los pliegues de su vida sacrosanta, y así comenzó el viaje espiritual de Santa Rita de Cascia.

Mientras Rita nutría su vida monástica, las historias de su profunda piedad y oración se propagaron como susurros sagrados, tocando vidas más allá de las confines de Cascia. Pero fue el místico estigma parcial, la herida divinamente ordenada en su frente, similar a la corona de espinas de Cristo, lo que la marcó como un ser elegido, un floreciente testimonio de los misterios divinos del Señor.

Años después, su cuerpo preservado e incorrupto, todavía alojado en la Basílica de Cascia, perpetúa su profunda esencia espiritual, irradiando milagros de los que los creyentes de todo el mundo extraen fuerza. Su historia fue grabada en los anales sagrados de la iglesia cuando fue canonizada en 1900.

Venerada como la Patrona de las Causas Imposibles, Santa Rita de Cascia, continúa haciendo eco de consuelo en las vidas de muchos, su nombre un bálsamo bendito para aquellos que luchan con problemas matrimoniales, realidades abusivas y los complejos desafíos de la paternidad. A través de ella, Dios susurra que ninguna desventura es inverosímil para su divina intervención; ningún corazón se considera demasiado roto para su luz sanadora. Y ese es el eterno legado de Santa Rita de Cascia, la historia de una mujer sencilla que transformó sus obstáculos en peldaños, guiada por la mano santa de su Creador.

"POR LO TANTO, LO QUE DIOS HA UNIDO, QUE NO LO SEPARE NADIE".

- MARCOS 10:9

Oraciones Intercesoras

Al embarcarnos en este viaje de oración, recordemos que cada matrimonio es único y rebosa de su propio conjunto de desafíos y triunfos. Independientemente de los caminos que recorremos, Santa Rita de Casia está a nuestro lado como compañera espiritual, su vida es un hermoso testimonio de resiliencia y fe inquebrantable. A través de las pruebas de su propio matrimonio, demostró ser una luz en la oscuridad, un faro para todas las esposas que navegan por los diversos paisajes de la vida conyugal.La próxima colección de oraciones de intercesión está profundamente inspirada en su sabiduría divina, perseverancia inquebrantable y amor infinito. Estas son ofrendas sinceras, cada una creada para abordar una faceta particular de la vida matrimonial. Ya sea que busques resolución en tiempos de conflicto, consuelo en momentos de dolor o gratitud celebratoria por la alegría que trae el matrimonio, estas oraciones son tu brújula espiritual.

Que estas palabras actúen como conducto para la intercesión celestial de Santa Rita, manifestando la intervención divina en nuestras vidas cuando más la necesitamos. Sirven como un recordatorio no solo de su amor incondicional por nosotros, sino también de la infinita fuerza y divinidad que reside en cada esposa. Confiemos en el poder transformador de la oración y abramos nuestros corazones a la maravilla que trae consigo.

Gracias Señor por...

_____
_____
_____
_____
_____
_____
_____
_____
_____

Santa Rita de Cascia, intercede por mí en...

_____
_____
_____
_____
_____
_____
_____
_____
_____

Intercede por mis seres queridos...

_____
_____
_____
_____
_____
_____
_____
_____
_____

Mi Oración Personal

Oración para el Vínculo de Unidad

Oh, graciosa Santa Rita de Cascia, que entendiste la situación de las esposas y la santidad de los votos; Tú, que llevaste la corona de espinas como Cristo en Su sufrimiento, intercede por nosotras;

Habla en nuestro nombre ante el Todopoderoso, en Su inmensa misericordia y amor por toda Su creación.

Tú, Santa Rita, que conociste los desafíos de la vida matrimonial;

Quien experimentó tanto la alegría como el dolor que surgen de un vínculo tan sagrado;

Guíanos, permanece a nuestro lado en nuestra búsqueda de amor, respeto y comprensión en el núcleo de nuestra unión.

Por todas las esposas que se aferran al calor del amor, pero tiemblan en inquietud y lucha, elevamos nuestra súplica;

En la sombra de la discordia, que puedan encontrar la luz de la reconciliación;

En sus corazones pesados por el conflicto, que puedan descubrir la fuerza para reconstruir su comunión.

Que el Señor, en Su infinita sabiduría, bendiga a cada esposa, a cada pareja, con gracia y paciencia;

Para amar incluso frente a la adversidad; para perdonar incluso cuando el perdón parece imposible;

Que Él fortalezca los vínculos de unidad entre las parejas, fortificando los cimientos de su santa unión.

Rogamos que cada himno de amor susurrado en sus corazones

sea escuchado y amplificado por Él;

Que transforme estos humildes murmullos en sinfonías de amor, respeto y comprensión;

Bendícenos, Oh Señor, con la capacidad de vernos a través de tus ojos, de amarnos como Tú nos amas.

Oh Santa Rita, a través de tu intercesión, que el Señor nos conceda la gracia de aguantar, de esperar, de luchar;

Reza, Santa Rita, para que podamos encontrar la fuerza para enfrentar las pruebas del matrimonio, no titubeando sino perseverando;

Reza para que podamos emular tu fe inquebrantable, tu devoción, tu valentía, en nuestro camino como esposas.

Oh, fiel servidora de Dios, confiamos en tu intercesión, tu guía, tu sabiduría;

Mientras caminamos por el camino de ser esposas, que siempre recordemos tu ejemplo, tu inquebrantable compromiso con tus votos;

Santa Rita, bendícenos con tu fortaleza; inspíranos con tu amor por Dios y la santidad de nuestras promesas como esposas, unidas por Su ley divina.

En el nombre del Padre, del Hijo y del Espíritu Santo, nos entregamos a Su divina misericordia y gracia;

Con fe en nuestros corazones y esperanza en nuestras almas, confiamos en Sus planes, Su sabiduría, Su amor por nosotras como esposas y como Sus amadas hijas;

Con gratitud, terminamos esta oración, en profunda fe y amor. Amén.

Oración para Fomentar la Paciencia en el Matrimonio

Señor, Tú que nos has unido en el sacramento del matrimonio, escucha mi humilde oración. Yo, como esposa, llevo una responsabilidad sagrada, pero a menudo encuentro que es difícil de llevar. En mi debilidad, tropezo. Mi paciencia se deshilacha, mi comprensión disminuye, mi compasión vacila. Sin embargo, no estoy sola, porque sé que hay una santa que conoce mis luchas, una voz de mujer que susurra a través de los siglos, ofreciendo sabiduría y consuelo.

Santa Rita de Cascia, santa patrona de los matrimonios difíciles, de las causas imposibles, imploro tu intercesión. Mientras mi esposo y yo navegamos por las pruebas y tribulaciones del matrimonio, ayúdanos a ver más allá de los conflictos y malentendidos, más allá del orgullo y la obstinación.

Guía mi corazón para descubrir la paciencia. Una paciencia que escucha más de lo que habla, una paciencia que no insiste en tener razón, sino que busca comprender; una paciencia que es lenta para la ira y abundante en misericordia. Enséñame, Santa Rita, a adoptar la fortaleza que afinaste en tus propias pruebas.

Santa Rita, intercede por mí, para que pueda encontrar reservas de fuerza, para que pueda extraer del pozo del amor divino. El amor de Dios, un amor que es longevo, un amor que persevera, un amor que puentea abismos de diferencia y forja unidad desde la discordia.

En los momentos simples de risa compartida, en los momentos tranquilos de silencio compartido, en las instancias cotidianas de vida compartida, que mi corazón experimente las alegrías de la paciencia, los frutos abundantes de un amor que espera, que espera, que perdura.

En los momentos de dolor e incomprensión, en los tiempos de desconexión y distancia, que pueda aferrarme a la gracia, a la promesa de un amor que sana, que reconcilia, que restaura.

Santa Rita, anhelo la gracia de ser una mejor esposa, una mejor contraparte en este sagrado pacto. Ruega por mí, plantea mi caso ante el Padre cuyo amor no conoce límites, cuya misericordia se renueva y cuya gracia empodera.

Pídele que me llene, que nos llene - a mí esposo y a mí, con el Espíritu de paciencia y comprensión, con el Espíritu de humildad y abnegación, con el Espíritu de amor inmortal y compromiso inquebrantable.

Y así, Santa Rita, te presento mi matrimonio, mis desafíos, mis esperanzas. Intercede por mí. Ayúdame en el camino hacia la paciencia. Enséñame a amar como Dios ama; infinitamente paciente, invariablemente amable. A través de la paciencia, que nuestro matrimonio refleje el cielo, aquí en esta tierra.

Que mi oración cause ondas en las aguas tranquilas de la voluntad divina, irradiando hacia afuera, tocando el corazón de Dios. Con la paciencia de Job, la obediencia de María, y tu propia fe inquebrantable, Santa Rita, ayúdame. Amén.

Oración para la Guía de Luz en las Luchas Matrimoniales

En la tranquilidad del amor y el tumulto del desacuerdo, intercede por nosotros, Santa Rita. En la unidad y en la división, sé nuestra intercesora.

En el compartir de la alegría y la carga de la tristeza, bríndanos la asistencia celestial.

Cuando la confianza es abundante y cuando la fe está tambaleante, aboga por nosotros.

Cuando la comprensión es amplia y cuando reina la confusión, busca la guía divina para nosotros.

Cuando el respeto es mutuo y cuando se ignora, invoca la misericordia divina en nuestro favor.

En la apertura de la comunicación y en el silencio del malentendido, permanece a nuestro lado, Santa Rita.

En el calor del afecto y en la fría indiferencia, ora por nuestros corazones.

En la promesa de compromiso y en la amenaza de separación, sé nuestra embajadora celestial.

Durante momentos de compañía y instancias de soledad, intercede por nosotros.

Durante tiempos de serenidad y fases de agitación, negocia la intervención divina para nosotros.

Durante días de adoración mutua y noches de frío desapego, solicita el apoyo celestial para nosotros.

Que tu intercesión, Santa Rita, nos guíe en nuestras horas de unidad y división.

Ayúdanos a navegar a través de los tiempos de comprensión y confusión.

Dános fuerza en momentos de respeto y desprecio.

A través de la dulzura del afecto y la amargura de la indiferencia, sé nuestra defensora, Santa Rita.

A través de períodos de compañía y aislamiento, solicita la ayuda divina para nosotros.

A través de nuestros votos de compromiso y amenazas de separación, bríndanos consolación divina.

En la calma de la confianza y en la tormenta de la desconfianza, intercede por nosotros.

En nuestras alegrías compartidas y dolores individuales, busca consuelo divino para nosotros.

En el susurro del respeto y el silencio del desprecio, llama a la compasión divina por nosotros.

En cada estación del amor, en cada tormenta de discordia, sé nuestra guía, Santa Rita.

En triunfos y pruebas, en salud y debilidad, lleva nuestras peticiones al cielo.

En momentos de armonía y caos, en días de alegría y noches de tristeza, ora por nosotros.

Santa Rita, en cada paso de nuestro viaje matrimonial, sé nuestro faro.

Desde el amanecer hasta el atardecer, desde la certeza hasta la incertidumbre, intercede por nosotros.

Guíanos a amar en todas sus formas, en todas sus pruebas, bajo la mirada del amor eterno de Dios. Amén.

Oración para la Sanación Emocional

Querida Santa Rita de Cascia, conocida por tu paciencia y fortaleza, me acerco a ti hoy, buscando tus oraciones e intercesión. En el silencio de mi corazón, donde habita mi fe, busca Su misericordia para mí.

En el centro de mi hogar, donde se nutre el amor, pide que Su paz reine.

Santa Rita, parangón de resistencia, intercede por mí en mi angustia.

En las profundidades de mi dolor, acércate a Él quien transforma el dolor en alegría.

En la carga de mis arrepentimientos, reza para que Su perdón me lave.

Santa Rita, portadora de lo imposible, atraviesa mi corazón con esperanza.

En el tormento de mi aflicción, apela a Su consuelo para calmar mi espíritu.

En la lucha de mi ira, ruega por Su paciencia para calmar mi tempestad.

Desde mi posición, Santa Rita, intercede para que el Dios de la Sanación pueda restaurar mis emociones.

En medio de mi confusión, clama por Su sabiduría para aclarar mi mente.

En el centro de mis miedos, presenta una petición para que Su coraje fortalezca mi resolución.

Santa Rita, defensora de los afligidos, busca al Consolador para mi consuelo.

En la tempestad de mis pruebas, llama a Su tranquilidad para calmar mi tormenta.

En el campo de batalla de mi corazón, implora Su protección para protegerme.

Intercede, Santa Rita, ante el trono de gracia, por mi sanación.

En la sequedad de mi espíritu, solicita Su compasión para revivir mi alegría.

En el frío de mi tristeza, suplica Su calidez para renovar mi esperanza.

Al amanecer en mi vida, Santa Rita, invita Su luz a entrar en mi corazón.

En medio de mi desesperación, invita Su esperanza a habitar plenamente dentro de mí.

En la soledad de mi dolor, lleva Su amor a sobrellevar completamente, sobre mí.

Santa Rita de Cascia, confío en tu poderosa intercesión.

Desde la profundidad de mi sufrimiento, pídele que brote un manantial de alegría.

En los rincones más tranquilos de mi corazón, reza para que Su amor resuene resonantemente.

Querida Santa Rita, acepta esta oración.

En todos mis momentos, reza para que pueda recordar Su inmenso amor.

En cada aspecto de mi vida, intercede para que pueda reflejar Su gloriosa luz.

A través de Su divina gracia, puedo encontrar sanación emocional, y a través de tus intercesiones, que mi corazón encuentre el valor para enfrentar otro día. Amén.

Oración para Fortaleza en Tiempos de Dificultad

En momentos de angustia, nos dirigimos a ti, Santa Rita de Cascia, para buscar tu intercesión; Creemos en el poder divino que emana de ti, un faro para toda mujer en conflicto;

Buscando orientación para las esposas, invocamos a tu espíritu intrépido;

Implora a Dios nuestro Salvador, que nos dé la fuerza para enfrentar la adversidad con una fe inquebrantable.

Como soportaste las dificultades de una unión inarmónica, empatiza con nuestras luchas;

Comparte con nosotros el coraje que surgió de tu devoción a Dios;

Ilumina nuestras mentes, para percibir la voluntad de Dios en medio de las pruebas;

Enriquece nuestros corazones, para elegir el amor incluso cuando nos enfrentamos al conflicto.

En medio de nuestro dolor, nos vemos tentados a sucumbir a la desesperación;

Ante la tormenta, a menudo es más fácil rendirse que luchar.

Sin embargo, afirmamos nuestra fe en el plan de Dios, inescrutable e infinito;

Guiados por tu ejemplo, llevamos nuestras cruces con dignidad y gracia.

Por tu intercesión, Santa Rita, oramos por resistencia en tiempos de dificultades;

Cuando las sombras caen en nuestros caminos matrimoniales,

que la luz de Dios brille sobre nosotros;

Que las pruebas que nos confrontan nos ayuden a crecer en fe y amor;

Que la fortaleza que buscamos, la fortaleza que anhelamos, provenga del Dios Todopoderoso.

Te suplicamos, Santa Rita de Cascia, reza por nosotros;

Pídele al Señor que infunda en nosotros tranquilidad en la discordia;

Abrázanos en momentos de desesperación, inspirados por tu fe inquebrantable;

Guíanos a amar incondicionalmente, en imitación del afecto ilimitado de Cristo.

En momentos de tumulto e incertidumbre, permitamos que el Espíritu Santo guíe nuestros corazones;

Que disfrutemos de la sabiduría divina que fluye del Padre Todopoderoso;

Impúlsanos a aceptar la adversidad, para revelar la fuerza enterrada en nuestro ser;

Con confianza en la providencia divina, que podamos encontrar consuelo en nuestras pruebas.

Frente a la discordia, permanecemos firmes, guiados por tu espíritu devoto, Santa Rita;

Iluminados por las enseñanzas de Cristo, afirmamos nuestro compromiso con el amor y la paz.

Por el poder que tienes, Santa Rita, oramos por fortaleza en tiempos de dificultades;

Es en el nombre de nuestro Señor Jesucristo que expresamos nuestras súplicas, ahora y siempre. Amén.

Oración para la Transformación a través del Amor

En la tranquila soledad de mi corazón, vengo humildemente ante ti, Santa Rita de Cascia. Patrona de las causas imposibles, escucha mi oración. En momentos de desesperación, cuando mi espíritu está cansado, intercede por mí, para que pueda encontrar coraje en el amor inmutable de Dios. Cuando la carga de mis deberes se siente pesada e interminable, ora por mí, para que pueda encontrar consuelo en el plan divino que se está desarrollando.

Donde haya ira dentro de mí, permíteme sembrar semillas de serenidad. Donde mi corazón alberga resentimiento, ora por una cosecha de perdón. En el aislamiento de los malentendidos, busca para mí la claridad de la comunión. En el paisaje de mis miedos, guíame a la fortaleza de la fe.

En medio de las pruebas más difíciles de la vida, aboga por mí para que pueda abrazar el poder transformador del amor. En medio de las tormentas furiosas de los desacuerdos, ruega para que pueda ser un faro de paciencia y comprensión.

En el terreno árido de mis falencias, intercede por mí para que pueda cultivar virtudes. Donde estoy ciego a las necesidades de mi cónyuge, implora por mí la visión de empatía. En tiempos de pena y tristeza, busca para mí el bálsamo curativo de consuelo.

Contra el telón de fondo de la duda y la incertidumbre, ora por mí para que pueda confiar en la voluntad divina. Cuando la envidia envenene mis relaciones, intercede en mi nombre, para que pueda celebrar las bendiciones en cada uno.

Santa Rita de Cascia, en tu bondad, ruega para que pueda

transformar no solo mi propio corazón, sino también aquellos a mi alrededor gracias al amor. En mi camino hacia esta transformación, aboga por mí para que pueda encarnar la resiliencia, la compasión y la humildad.

Ora por mí, Santa Rita, para que, al igual que la espina fue un símbolo de tu sufrimiento y fe, mis luchas me acerquen más al amor divino. Intercede en mi nombre, para que de cada dolor, pueda descubrir una alegría potencialmente ilimitada.

En mi búsqueda para convertirme en un mejor cónyuge, pide por mí la gracia de amar incondicionalmente. En momentos en que el amor parece desafiante, intercede por mí, para que pueda recordar que el verdadero amor es una elección que se debe hacer, un voto que se debe mantener, y una fe que se debe honrar.

Por cada grieta en mi corazón, busca para mí el pegamento del amor divino. Por cada lágrima que cae, implora por mí un arcoíris de esperanza. Por cada suspiro de desesperación, ora por mí un canto de alabanza.

Santa Rita de Cascia, llevaste la marca de Cristo crucificado en tu frente. Que yo también pueda llevar la impronta del verdadero amor en mi corazón. Ora por mí, para que al dar, pueda recibir; al perdonar, pueda ser perdonado; y al morir para mí mismo, pueda encontrar la vida eterna.

Por tu intercesión, que mi camino sea un testimonio del poder transformador del amor, Santa Rita. Concédeme esto a través de Cristo, nuestro Señor. Amén.

Oración para Superar Problemas Matrimoniales

En el refugio de tu divina intercesión, querida Santa Rita de Cascia, buscamos asilo. Los lazos del matrimonio hacen eco del amor que una vez albergaste, y rogamos tu guía para seguir este camino que a veces parece un rosal espinoso. Al despuntar el alba, promesa de un nuevo comienzo, nos encontramos en la tempestad de la vida, anhelando aquietar el clima inclemente de la discordia matrimonial. Como el beso calmante de la brisa nocturna sobre un océano tembloroso, permítenos encontrar la quietud dentro de nuestras tormentas.

Guíanos desde el precipicio de la discordia, de vuelta al santuario del entendimiento. Como los ríos alcanzan el mar, guía nuestros corazones de vuelta al embalse del amor, donde una vez nos sumergimos, ajenos a todo excepto a nuestra alegre unión.

Extrae de nosotros la amargura que empaña nuestras lenguas y guíanos a pronunciar palabras tan suaves como las canciones de cuna nocturnas. Como los pájaros que serenamente vuelven a sus nidos al atardecer, que nosotros también encontremos consuelo en el abrazo del otro, nuestro santuario cuando el mundo parecía derrumbarse.

Que nuestros ojos no busquen la mota en el otro, sino que miren el vasto cielo estrellado del alma del otro. Como un jardinero cuida las flores, así debemos nosotros cuidar y apreciar el amor floreciente en el corazón del otro.

Como un oasis en una tierra reseca, que el perdón sacie la sed de resentimiento en nuestros corazones. Enséñanos el lenguaje del perdón silencioso, que habla más alto que el clamor de la ira.

Como el sol sobrevive a la tormenta efímera, permite que nuestro amor trascienda las tribulaciones pasajeras. Que nuestros corazones hagan eco de la armonía de las esferas y nuestras almas se entrelacen en medio de la danza celestial del amor divino.

Guíanos, querida Santa Rita, a que el amor sea nuestro faro, la paciencia nuestra brújula y el perdón nuestro camino. Recuérdanos que somos vasijas llenas de la esencia divina del amor, y que el amor puede conquistar todas las turbulencias.

En tu sabiduría, ayúdanos a discernir la diferencia entre simples ondas y corrientes que amenazan con volcar nuestro barco matrimonial. Como el faro inquebrantable guía al marinero perdido, que tu intercesión ilumine nuestro camino de regreso a las costas de la paz y la armonía.

A través de tu intercesión, querida Santa Rita, no seamos meros pasajeros sino marineros activos en el viaje de nuestro matrimonio. Como el viajero que aprecia la belleza del viaje a pesar de las cicatrices del camino, que nosotros también apreciemos la conexión, la adoración y los sacrificios que adornan nuestro tapiz matrimonial.

En esta oración, pedimos que nuestro amor sea tan duradero como la montaña y tan acogedor como el mar, bendecido por la divinidad, guiados por ti, Santa Rita de Cascia, en cada aliento y latido de nuestro viaje matrimonial. Que nuestro amor resurja, más fuerte, más brillante, de las cenizas de nuestras luchas, como el sol de la mañana gracia el horizonte después de la larga noche. Amén.

Oración para la Serenidad en la Vida Doméstica

Cristo, escucha esta oración pronunciada por las esposas al frente de sus hogares, mirando al ejemplo de Santa Rita de Cascia. Cristo, fortalécenos en serenidad, paz difundida a través del ajetreo de nuestra vida doméstica.

Cristo, fortalécenos con paciencia cuando surgen desafíos: las acaloradas discusiones, las habitaciones desordenadas, los horarios ampliados.

Cristo, llénanos de amor, que se desborde a cada miembro de nuestra familia.

Cristo, guía nuestras manos, dirigiendo nuestros hogares con un tacto perspicaz.

Cristo, dirige nuestras mentes para reconocer y satisfacer las necesidades de aquellos a quienes queremos.

Cristo, escucha nuestra oración. Santa Rita, mujer de domesticidad y resiliencia, intercede por nosotros.

Cristo, bendice nuestros corazones con compasión constantemente renovada.

Cristo, concédenos sabiduría para cultivar el amor en los corazones a nuestro alrededor.

Cristo, santifica nuestros hogares, llénalos con los aromas de la bondad y la generosidad.

Cristo, escucha nuestra oración. Santa Rita, patrona de causas desafiantes y armonía matrimonial, intercede por nosotros.

Cristo, protégenos cuando los tiempos son difíciles y la tensión crece dentro de nuestros muros.

Cristo, revístenos con la paz que calma los corazones cansados y une divisiones.

Cristo, ilumina nuestro camino para que podamos guiar a nuestros hogares lejos de las peleas y hacia la unidad.

Cristo, impregna nuestros espíritus con la fuerza para transformar nuestras casas en refugios de amor.

Cristo, escucha nuestra oración. Santa Rita, abogada por la tranquilidad y la unidad, intercede por nosotros.

Cristo, aliéntanos con tenacidad, sabiendo que nuestras tareas sostienen el corazón de nuestros hogares.

Cristo, concédenos valentía para provocar cambios, siempre esforzándonos hacia la serenidad y el amor.

Cristo, tú eres nuestra paz, irradiando quietud dentro de nuestros hogares.

Cristo, escucha nuestra oración. Santa Rita, indiscutible modelo de paz matrimonial, intercede por nosotros.

En ti, Cristo, encontramos nuestro refugio, un santuario en medio del caos vertiginoso.

En ti, Cristo, encontramos esperanza, una promesa de que la serenidad doméstica está al alcance.

Cristo, escucha nuestra oración. Santa Rita, faro para cada esposa aferrada a la serenidad, intercede por nosotros.

Cristo, sé nuestra roca cuando las tempestades de la vida sacuden nuestras casas.

Cristo, sé nuestro constante mientras navegamos las mareas cambiantes de la vida doméstica.

Cristo, escucha nuestra oración. Santa Rita, pilar de fuerza para cada esposa en lucha, intercede por nosotros.

Mientras nos ponemos al lado de Santa Rita, le pedimos que nos acompañe, que lleve nuestra súplica ante ti. Amén.

Oración por la Compasión y el Entendimiento Mutuo

Todopoderoso y Misericordioso Dios, vengo ante Ti con un corazón humilde, buscando Tu intervención divina y compasión. En mi papel de esposa, Tú has puesto en mis manos la responsabilidad y la alegría, las luchas y las victorias que trae el matrimonio. Por lo tanto, Te suplico, ayúdame a entender el corazón de mi esposo, a aceptar sus fortalezas y a abrazar sus debilidades.

Oh Padre Celestial, así como Santa Rita de Cascia encontró consuelo en su fe durante el tumulto de su vida matrimonial, que yo también pueda encontrar paz en Tu amor eterno. Con su intercesión, ayúdame a perdonar como ella perdonó, a ser paciente como ella fue paciente, y a amar incondicionalmente como ella amó.

Concédeme, Padre Todopoderoso, la gracia de comunicarme con delicadeza y de escuchar con entendimiento. No permitas que sea arrastrada por el torbellino de la discordia, sino que sea un faro de paz y unidad en nuestro hogar.

Espíritu Santo, bendícenos con una compasión que refleje Tu divina misericordia. En nuestro camino a través del matrimonio, permítenos compartir las cargas, disfrutar de las alegrías y aliviar las penas de cada uno.

Oh Señor, como Tú nos has unido en la santidad del matrimonio, que nuestros actos reflejen este sagrado vínculo. Ayúdanos a sofocar los incendios rápidos de la ira, a disolver el hielo de la indiferencia y a sostenernos mutuamente en medio de las tormentas de la vida.

Por la intercesión de Santa Rita de Cascia, quien soportó su cruz de las luchas matrimoniales con fortaleza, danos valor para enfrentar nuestros desafíos. Dános la fuerza para resistir, el coraje para perseverar y la sabiduría para discernir.

En cada malentendido, que nuestra primera respuesta sea el amor. En cada discusión, guía nuestras palabras para hablar con respeto. En cada ofensa, inspira nuestros corazones para buscar la reconciliación. Oh Señor, que nuestro hogar sea un lugar de Tu paz y amor.

Divino Pastor, guíanos en nuestro viaje matrimonial. Nutre nuestro amor con Tu divina misericordia, fortalece nuestra unidad con Tu paz eterna e ilumina nuestro camino con Tu sabiduría infinita.

Dios amante, bendice nuestro matrimonio con comprensión y compasión. A través de la intercesión de Santa Rita de Cascia, fortalece nuestro vínculo, profundiza nuestro amor y renueva nuestro compromiso cada día.

Oh Señor, en Tu divina providencia, nos has puesto juntos en este viaje de amor. Que caminemos mano a mano, corazón a corazón, encarnando Tu amor en nuestro matrimonio, glorificando Tu nombre en nuestro amor y honrándote en nuestra unidad.

Amén.

Oración por el Perdón y la Reconciliación

Permíteme recordar a Santa Rita de Cascia, esposa fuerte y fiel, en tiempos de turbulencia entre nosotros. Que su vida, marcada por la paciencia y el perdón, guíe la mía en este imperfecto viaje terrenal.

Te pido que me ayude a reparar, cuando el orgullo cause grietas en nuestra unión.

Que su intercesión traiga paz, donde el discordia pretenda prevalecer.

Que su fuerza sea la mía, cuando la debilidad y la duda asedien mi corazón.

Que su perseverancia me inspire, para que los obstáculos se conviertan en escalones.

Que su humildad me recuerde, que el respeto nutre el amor en el matrimonio.

Que su sabiduría me guíe, para ver nuestras diferencias como complementarias y no conflictivas.

Que su fidelidad impregne, una constancia en el amor a pesar de las pruebas y tentaciones.

Te pido que mi corazón, humilde y sincero, haga eco de su inquebrantable compromiso con su esposo y contigo.

Que su mansedumbre inspire, a transitar un camino más suave de bondad y comprensión.

Que su sacrificio sea un faro, iluminando el camino del amor desinteresado y la vulnerabilidad compartida.

Que sus oraciones y paciente sufrimiento recuerden, que la

verdadera reconciliación requiere tiempo y un perdón sincero. Permíteme dejar ir los agravios, igual que lo hizo Santa Rita con su profundo perdón.

Que su historia de reconciliación y construcción de la paz inspire, el renacimiento de la armonía y la unidad en nuestro matrimonio.

Que cada acción y decisión de aquí en adelante, sean reflejos de nuestro compromiso compartido contigo y entre nosotros.

Ante los desacuerdos, permíteme buscar entender antes de ser entendido.

Ante la ira, permíteme responder con gentileza, emulando la calma de Santa Rita ante la tempestad.

Bajo su atenta protección, que mi matrimonio florezca como la rosa de su estéril jardín invernal.

Buscando su intercesión, que yo me esfuerce por tener un corazón que perdona, ama y armoniza.

Fluye a través de mí, sabiduría divina que repara, amor divino que perdona.

Confiere la fuerza de Santa Rita en mí, para un matrimonio, arraigado y floreciente en Tu amor.

Amén.

Oración para Cultivar la Resiliencia

Santa Rita de Cascia, nos acercamos humildemente a ti hoy; en medio de nuestras pruebas y tribulaciones como esposas, recurrimos a ti en nuestra necesidad. Tú, que cultivaste un corazón de resistencia en tu vida terrenal, te pedimos tu intercesión. Somos barcos navegando en aguas turbulentas; nuestros espíritus a menudo son influenciados por vientos de frustración, decepción y desesperación; aún así, recordamos tu fe inquebrantable en medio de la adversidad en tu matrimonio. Te imploramos que presentes nuestras súplicas ante el Señor, para que también podamos cultivar una semejanza a tu espíritu resiliente.

Somos vides que se marchitan bajo el calor abrasador de las pruebas; nuestros corazones a veces se secan por las preocupaciones, las cargas y la tensión del malentendido. Tú, que afrontaste los inviernos más duros en la viña de la vida conyugal, intercede por nosotros ante Dios; para que podamos sacar fuerzas de Él y convertirnos en resilientes trepadores, siempre alzándonos, hacia Su luz.

Santa Rita, patrona de lo imposible, conoces nuestras luchas; comprendes nuestras lágrimas silenciosas, sentiste nuestros miedos secretos. Aboga por nosotros, para que podamos encontrar el valor de enfrentar lo imposible, resistir, superar. En el Dios de Abraham y Sara, vemos la promesa; la seguridad de esperanza en lo aparentemente sin esperanza; la perseverancia del amor en lo desolado.

Ilumina nuestras mentes, Santa Rita, para ver la sabiduría de Dios en cada desafío que encontramos. Guía nuestros corazones para aceptar Su voluntad, incluso cuando nos lleva a la cruz. Ayúdanos a confiar en Su plan, Su tiempo, Su manera; con el conocimiento de que Él, que comenzó una buena obra en nosotros, la llevará a cabo hasta su completa realización.

Ampáranos en el santuario de tranquilidad—el corazón del Señor. Del manantial de Su amor, que podamos obtener la fortaleza para resistir, aguantar, persistir. Permita que anclaremos nuestras esperanzas en Él, la fuente definitiva de nuestra resistencia y, a su vez, extendamos Su divina resistencia a nuestras compañeras esposas.

Santa Rita de Cascia, tú que soportaste tus cruces con tal gracia; tú que ejemplificaste la resistencia, mira con amabilidad nuestra frágil humanidad. Intercede por nosotros, para que podamos modelar tus virtudes en nuestra vida cotidiana.

Que las pruebas a las que nos enfrentemos sirvan para refinarnos, no para destruirnos. Que las decepciones que nos encontremos, alimenten nuestra determinación, no extingan nuestras esperanzas; y que el Señor, el autor de la resistencia sea nuestra guía, nuestra fuerza, nuestro consuelo ahora y siempre.

Santa Rita de Cascia, intercesora de las esposas, confiamos en tus oraciones y agradecemos tu guía en este viaje de resistencia. Que nuestras hogares resuenen con el himno de la perseverancia, nuestros corazones eco de la canción de la resistencia, y nuestras vidas reflejen la luz de Su amor eterno; que a través de las pruebas, lágrimas, triunfos, la gloria de Dios pueda ser revelada en nosotros. Amén.

Oración para Nutrir las Bendiciones Matrimoniales

Santa Rita de Cascia, santa intercesora por la unidad de las familias, imploramos tu intervención. Bendice nuestras uniones, fortalece nuestros lazos de amor. Que nuestros matrimonios resplandezcan con el fuego divino del compromiso y la paciencia, como lo hizo el tuyo. En el corazón de cada tormenta, que podamos encontrar refugio el uno en el otro. A través de la alegría y el dolor, enséñanos a aferrarnos el uno al otro, siempre buscando la unidad y el alimento del amor.

Dulce santa, murmura en nuestros corazones las lecciones del perdón. En cada herida, en cada dolor, concédenos la gracia de repetir la misericordia de Cristo. Ante la decepción o la desesperación, que no olvidemos la virtud de la paciencia, paciencia que tú, Santa Rita, cultivaste a través de las pruebas de tu vida terrenal.

Que podamos emular tu fe, sostenida por la devoción y la confianza en el Señor. Como tú recorriste un camino de pruebas y tribulaciones, que nosotros también recorramos con gracia y humildad el desconocido terreno de la vida marital.

Guíanos, Santa Rita, a amar sin condiciones. A ver el rostro de Cristo en nuestros esposos, en sus fortalezas y en sus defectos por igual. Remíndanos la belleza del sacrificio, de entregar nuestras vidas en servicio y amor por nuestro compañero.

Implora por nosotros el don del entendimiento, para iluminar los oscuros rincones del malentendido. El don de la resistencia, para mover montañas de conflictos.

A través del lente de tu santa intercesión, que podamos ver cada desafío que enfrentamos juntos como una oportunidad para profundizar nuestro lazo. No sólo para resistir, sino para crecer, florecer y, en última instancia, reflejar el amor que Cristo tuvo por su Iglesia.

En el dolor y el desamor, sé nuestro consuelo. En la alegría y la celebración, sé nuestro animador. En tiempos de malentendidos, sé nuestra claridad. En cada momento, sé nuestra guía, recordándonos que es dando que recibimos, y es muriendo a nosotros mismos que encontramos la vida auténtica.

Acerca nuestros corazones el uno al otro, y más cerca del corazón de nuestro Salvador. En amor, que podamos ser el bálsamo para las heridas del otro, la alegría en el viaje del otro, la luz de luna en la noche del otro.

Santa Rita de Cascia, confiamos agradecidos en tu santa intercesión, sabiendo que nuestras oraciones llegan a los oídos de un Dios amoroso. Con rodillas dobladas y manos entrelazadas, que nuestras peticiones asciendan como incienso al Cielo, selladas con nuestra fe inquebrantable.

Que nuestras bendiciones matrimoniales resuenen a lo largo de las edades, un testimonio del amor eterno de Dios, sagrado en nuestros votos, santificado por Su presencia.

Y así, rezamos. Amén.

Oración para Encontrar Consuelo en Medio de las Pruebas

Oh divina intercesora, Santa Rita de Cascia, extendiendo no más que tu mano al trono de la Gracia. Yo, afligida con pruebas y tribulaciones pesadas en mi corazón, te imploro que te quedes conmigo en este momento de necesidad. Que mis ruegos resuenen en los pasillos del cielo, encuentren resonancia en medio de los coros serafines, lleguen a los oídos de nuestro misericordioso Señor. Mira, oh bendita Santa Rita, las luchas que asedian mi alma, las tempestades que amenazan mi tranquilidad. Como una mujer bien familiarizada con el arte de la resistencia, quédate a mi lado en mi búsqueda de paz. Como esposa que experimentó pruebas y triunfos, escucha mi oración solemne, ayúdame en mi viaje terrenal hacia el consuelo celestial.

A través del tumulto de mis pruebas, Santa Rita, te pido que me guíes. Que mis pasos no vacile en medio de la tormenta, sino que encuentren firmeza en la fe. Como tú resististe, que yo también resista. Como tú esperaste, que yo también espere. Como encontraste consuelo en el sufrimiento, así puedo yo encontrar consuelo en el mío.

Soy una esposa, Santa Rita, unida en santo matrimonio, buscando armonía en medio del discordia. Tu vida terrenal estuvo marcada por conflictos, tu existencia celestial por la paz. Te imploro que me ayudes a crear un camino de la tumultuosidad a la tranquilidad.

Comparte conmigo, querida Santa, una medida de tu sabiduría, ilumina mi camino con la luz de la orientación divina. Que pueda caminar con gracia en medio de las espinas de la vida, encontrando belleza en cada prueba, una visión del maravilloso plan de Dios en cada lucha.

Conoces el camino de una esposa, las pruebas y tribulaciones que trae consigo. Recuérdame mi fuerza, la fuerza de una esposa unida por amor, fortificada por la fe. Susurra palabras de tranquilidad cuando las tempestades se agitan, guía mi corazón hacia la paciencia cuando la paciencia parece inútil, anclame en el amor cuando el amor parece lejano.

Implora para mí, santa Santa Rita, la gracia de un corazón resuelto. Arraigado en el amor, la fe y la esperanza, que pueda resistir las tempestades. Que a pesar de las olas, permaneceré inmutada, anclada por mi fe, asegurada por mi esperanza.

Apoyándome en tu ejemplo, Santa Rita, puedo encontrar paciencia amorosa frente a las adversidades, y resistencia consoladora en medio de las dificultades de la vida. Inspirada por tu vida, puedo atravesar mis pruebas con un corazón humilde y un espíritu sereno.

Santa Rita de Cascia, gran defensora de los necesitados, escucha mis oraciones. Confío en tu santa intercesión, un faro en medio de mi caos. Guíame a orillas tranquilas, llévame al consuelo celestial, préstame tu santa valentía, para que pueda enfrentar mis pruebas con gracia y perseverancia.

Por tu intercesión, Santa Rita, que mi alma cansada encuentre descanso, mi corazón angustiado encuentre paz. Que mis pruebas solo sean escalones hacia el consuelo divino, y mis tribulaciones, un viaje al abrazo amoroso de Dios. Amén.

Oración por la Intercesión Celestial en el Matrimonio

O Preciosa Santa Rita de Cascia, tú que soportaste las cargas y alegrías del matrimonio con tanta gracia; intercede por nosotros. Oh Patrona de Causas Imposibles, escucha nuestras súplicas; impregna nuestros matrimonios con el amor divino con el que Dios nos ha amado, para que podamos amar de la misma manera.

Oh tú que caminaste en la fe aunque tu corazón estuviera afligido, intercede en nuestro favor; guíanos para reflejar esa inquebrantable fe en nuestros viajes matrimoniales.

Frente a la adversidad, Santa Rita, encontraste fuerza en Cristo; en nuestras dificultades, buscamos tu ayuda para nutrirnos de esa misma fuente inagotable de fortaleza.

Por tu intercesión, que podamos encontrar la voluntad de perdonar como tú perdonaste; para abrazar a nuestros esposos en su totalidad - sus defectos, su belleza, sus virtudes, sus pecados.

Cuando el resentimiento amenaza con ensombrecer nuestros corazones, Santa Rita, ayúdanos; ilumina nuestros caminos con compasión, paciencia y entendimiento.

En los momentos en que el silencio construye muros entre los corazones, intercede por nosotros Santa Rita; guíanos a ver este silencio no como separación, sino como una invitación a escuchar, a comprender, a empatizar.

Cuando la duda roe las raíces de nuestra unión, recuérdanos, Santa Rita, el mandato de Dios de amar; a elegir amar una y otra vez, incluso cuando es difícil.

En momentos de vulnerabilidad, sé nuestro baluarte, Santa Rita; fortalece nuestras unioniones con la divina gracia de la perseverancia.

En el flujo y reflujo de la exigente naturaleza del amor, quédate con nosotros, intercede por nosotros Santa Rita; no nos hagas retroceder sino enfrentar con valentía.

En celebraciones y en penas, en triunfos y pruebas, Santa Rita, sé nuestra compañera; enséñanos a caminar de la mano, como uno bajo la mirada benevolente de Nuestro Señor.

Santa Rita, defensora de las esposas fieles, escucha nuestra sincera súplica; ruega por nosotros, para que podamos reflejar la paciencia amorosa, el perdón incondicional y la fidelidad duradera que marcaron tu vida terrenal.

En este viaje de unidad, Santa Rita, infundenos valor; para tomar las cruces del matrimonio, no como cargas, sino como testimonio de nuestro amor por nuestros cónyuges y por Dios.

En medio de las pruebas de este mundo, guía nuestros corazones para encontrar consuelo en el amor de Dios; porque en Su amor, encontramos fortaleza; en Su Gracia, encontramos fortaleza.

Intercede por nosotros, querida Santa Rita, que los capítulos de nuestras vidas se escriban con amor, entendimiento y fidelidad, reflejando el amor divino con el que Él nos ha amado.

Ayúdanos a recordar, querida Santa Rita, que nuestros desafíos actuales no se comparan con la alegría que nos espera.

Que nuestras vidas, como la tuya, sean un testimonio de la gracia de Dios, Su misericordia y Su amor.

En esto, querida Santa Rita, presta tu apoyo; ayúdanos a unir nuestros matrimonios con el amor eterno de Cristo.

Bajo tu intercesión, y en el nombre de Jesucristo, oramos con fervor y esperanza incansable. Amén.

Oración para Fomentar la Confianza en el Plan de Dios

Santa Rita de Cascia, amada patrona de las causas imposibles, guíanos mientras nos esforzamos por confiar en el plan de Dios. Acércanos a Su voluntad, cuando la incertidumbre nos aleje.

Abre nuestros corazones a Sus promesas, cuando la duda busque cerrarlas.

Llévanos hacia Su luz, cuando la oscuridad intente invadir.

Ayúdanos a ver Su mano en acción, cuando todo lo que vemos son problemas.

Anímanos a apoyarnos en Su amor, cuando el amor del mundo parece más presente.

Fortalece nuestra fe en Su bondad, cuando las dificultades desafían nuestra creencia.

Como mujeres, como esposas, tener esperanza en Su providencia, cuando la desesperación amenaza nuestra alegría.

Como madres, como cuidadoras, encontrar consuelo en Su misericordia, cuando la tristeza nos abruma.

Eleva nuestro espíritu con Su paz, cuando el caos intenta derribarnos.

Regálanos con paciencia, para percibir Su tiempo, cuando nuestros planes se deshacen.

Mientras recorremos el viaje de la vida, guía nuestros pasos con Su sabiduría, cuando la incertidumbre nos hace tropezar.

Ayúdanos a aceptar Sus bendiciones, incluso cuando lleguen disfrazadas.

Llévanos de vuelta a Su abrazo, cuando nuestros miedos intenten aislarnos.

Como pioneras, como constructoras, para establecer cimientos sobre Su verdad, cuando la falsedad parezca más conveniente.

Como buscadoras, como aprendices, que podamos encontrar Su conocimiento, cuando la ignorancia parezca felicidad.

En momentos de alegría o tristeza, que nos entreguemos a Su plan, cuando nuestra voluntad busque tomar el control.

Como compañeras, como confidentes, ayúdanos a compartir en Su visión, cuando la nuestra se nuble con preocupación.

Como creyentes, como seguidoras, que podamos mantenernos firmes en Sus mandamientos, cuando el mundo nos diga lo contrario.

Implanta en nosotras una confianza profunda e inamovible, para tener fe en el plan de Dios en medio de los mares tempestuosos de la vida.

Intercede por nosotras, Santa Rita de Cascia, para que en todas las cosas, podamos fomentar la confianza en el plan de Dios. Amén.

Oración para Invitar la Intervención Divina en la Vida Matrimonial

Querido Señor, a través de la intercesión de Santa Rita de Cascia, me acerco humildemente a Tu trono glorioso buscando intervención divina en mi vida matrimonial. Inclina Tu oído hacia mí, Oh Divino Maestro. En medio de los desafíos de mi matrimonio, me presento ante Ti, atado por mis luchas terrenales y aspiraciones celestiales. Anhelo un avance, anhelo una efusión de Tu benevolencia sobre mi esposo y yo. A través del consejo de Santa Rita, guíanos, eleva nuestros corazones, permite que nuestro amor refleje Tu amor divino.

Oh Señor, reconozco mis debilidades y limitaciones. Me encuentro dentro de las restricciones de la debilidad humana, luchando a veces por navegar con firmeza el mar de la vida conyugal. A través de la sabiduría de Santa Rita, moldea mi carácter. Haz de mi corazón un espejo que refleje la paciencia, la comprensión y el amor inquebrantable.

Me presento ante Ti, humildemente reconociendo mis fallas. Que esta admisión no sea una fuente de desesperación, sino más bien un camino hacia la transformación. A través de la intercesión de Santa Rita, purifícame, enséñame a acomodar y perdonar, a ser una verdadera imagen de Tu naturaleza misericordiosa.

Señor, anhelo unidad en mi vida matrimonial. Anhelo una armonía que trascienda el entendimiento humano, una unidad profundamente arraigada en Tu voluntad. A través de la guía de Santa Rita, ciméntanos, permite que nuestro amor resuene Tu divina orquesta, que nuestros corazones latan al ritmo de la lealtad inquebrantable.

En efecto, Oh amable Señor, la vida matrimonial es un viaje a través de colinas y valles, cada uno presentando sus propias pruebas y triunfos. A través del ejemplo de Santa Rita, fortalécenos, equípanos con el coraje para superar con gracia cada colina, para caminar valientemente a través de cada valle. Como un río encuentra su camino a través de las rocas, que Tu gracia fluya a través de cada aspecto de nuestra vida matrimonial. A través de la profunda intercesión de Santa Rita de Cascia, derrama Tu espíritu sobre nosotros, enciende las llamas del amor eterno, permita que nuestra vida juntos sea un testimonio de Tus maravillosos hechos.

Reaviva dentro de nuestros corazones un renovado fervor el uno por el otro, que nuestro amor pueda florecer continuamente, resistente a través de las estaciones. A través de la intercesión de Santa Rita, repónenos, permite que nuestro afecto se filtre a través de las capas de tiempo, floreciendo con la frescura del amor divino.

Maestro Divino, espero pacientemente Tu intervención divina en mi vida matrimonial. Me someto a Tu voluntad soberana; confiado en la naturaleza abarcadora de Tu gracia. A través de la intercesión de Santa Rita, santifica nuestro matrimonio. Que esta unión terrenal refleje solo un fragmento de la unión celestial que nos espera en Tu reino eterno.

En conclusión, amable Señor, dirigiendo mis ojos hacia el cielo y juntando mis manos en ferviente oración, entrego mi vida matrimonial a Tus manos capaces. A través de la intercesión de Santa Rita de Cascia, invita a Tu intervención divina, cura, reconstruye y transforma, para que podamos prosperar en Tu divino tapiz de amor sin límites. Amén.

Oración para la Paz Interior y Armonía

Santa Rita de Cascia, acompáñanos en nuestra oración. Mantennos conscientes del divino deber que se nos ha otorgado como esposas. Permítenos que nuestros corazones se llenen de paciencia y comprensión, permitiéndonos permanecer tranquilas y consideradas, incluso en momentos de desafío o turbulencia.

Que nuestras mentes estén llenas de sabiduría, dándonos la capacidad de percibir las necesidades y emociones de nuestro amado, y responderlas con bondad y empatía.

Permite que nuestros espíritus se llenen del calor del amor incondicional que irradia a través de nuestros hogares y toca a todos los miembros de nuestras familias.

Que nuestras palabras resuenen con gentileza y apoyo, convirtiéndose en una fuente de fortaleza para nuestros esposos, independientemente de la situación.

Deja que nuestras acciones reflejen desinterés y humildad, demostrando nuestro compromiso y devoción sin ninguna expectativa de reciprocidad.

Permite que nuestra actitud encarne la perseverancia y la resistencia, inspirando a nuestras familias a confrontar las adversidades con determinación y una fe inquebrantable.

Haz que nuestra existencia se convierta en un testimonio personal de la divina belleza de la compasión matrimonial, la compañía y el respeto mutuo.

Santa Rita de Cascia, te imploramos que intercedas en nuestro nombre por la serenidad y armonía de nuestros hogares.

Deja que la luz del amor divino radie a través de nosotros, neutralizando cualquier hostilidad, malentendidos o motivos egoístas que puedan crear una brecha entre nosotros y nuestros esposos.

Deja que el aura de la paz divina nos envuelva, dándonos seguridad en momentos de duda, confusión o miedo respecto a nuestras responsabilidades familiares.

Que el poder de la sabiduría divina habite en nosotros, guiándonos en la toma de decisiones que nutren el bienestar espiritual y emocional de nuestras familias.

Que nuestras vidas resuenen con ecos de armonía divina, fomentando un ambiente propicio para el amor, respeto y crecimiento.

Santa Rita de Cascia, intercede por nosotros, te lo pedimos con humildad.

Deja que nuestro camino como esposas esté lleno de transformación personal, acercándonos a lo divino y alejándonos de las impurezas mundanas.

Que nuestro papel como esposas nos conduzca por el camino del sacrificio, del desinterés y de la humildad, purificándonos de cualquier arrogancia, ego o intenciones egoístas.

Santa Rita de Cascia, quédate con nosotros, apóyanos, promueve la paz dentro de nosotros y a través de nosotros extiende esa paz a nuestras familias.

Otórganos la gracia de ser mejores esposas, mejores compañeras y mejores instrumentos de tu amor divino y paz.

A través de tu santa intercesión, que podamos darnos cuenta de lo divino en nosotros y convertirnos en el faro de armonía, paz y amor en nuestros hogares.

En el nombre de Jesús, oramos. Amén.

Oración para la Intercesión Milagrosa en Tiempos Difíciles

En la tranquilidad de mi hogar, donde la preocupación se apodera de mi corazón, recurro a ti, Santa Rita de Cascia, busco tu intercesión para obtener fuerza en tiempos improbables.

En mi cocina, donde preparo comidas para aquellos a quienes amo, soy consciente de la quebrantamiento en cuerpo y espíritu,

busco tu intercesión para la sanación en tiempos improbables.

En mi habitación, donde el descanso a menudo me elude, donde se hacen planes y se derraman lágrimas,

busco tu intercesión por la paz en tiempos improbables.

Con mis hijos, que caminan de puntillas alrededor del dolor y confusión, ojos preocupados que me miran buscando garantías,

busco tu intercesión por la sabiduría en tiempos improbables.

Al lado de mi esposo, que lleva sus propias cargas, cuya fuerza tambalea bajo un peso invisible,

busco tu intercesión por el consuelo en tiempos improbables.

En lo más profundo de mi corazón, donde el miedo teje su paralizante red,

ruego tu intervención para el valor en tiempos improbables.

En mis momentos de soledad, cuando mi espíritu anhela un respiro y mis oraciones parecen susurros débiles en el vacío,

busco tu intercesión por la fe en tiempos improbables.

Santa Rita de Cascia, tú que soportaste tus sufrimientos con tal gracia,

concede el don de la esperanza para los días de sol y los días de lluvia,

a través del flujo y reflujo de la vida.

Con tus misericordiosos ojos observándonos desde arriba, otórganos tu divina intercesión: perseverancia, valor y una fe inquebrantable,

En los momentos en que la esperanza parece un hilo frágil, intervén con tu ayuda, porque somos frágiles vasijas en un mar azotado por la tormenta.

En este espacio sagrado entre el cielo y la tierra, alzo mi voz, mi súplica, mi esperanza,

a ti, Santa Rita de Cascia, confío mi hogar, mi familia, mis preocupaciones,

me apoyo en tu intercesión en estos tiempos improbables.

Amén.

Oración para Soportar el Dolor

Santa Rita de Cascia, humilde servidora de nuestro amado Señor, me presento ante ti hoy, con el corazón pesado, mi espíritu quebrantado.

Santa Rita, tú que soportaste el dolor con una fe inquebrantable,

Intercede por mí y mis luchas, como una esposa caminando en medio del duelo.

A través de tiempos de intenso dolor y angustia, permaneciste firme,

Tu devoción a Dios nunca flaqueó.

En momentos en los que siento que la esperanza se pierde, recuérdame tu valentía,

Graba en mí tu tenacidad, e infunde en mí una esperanza indomable.

Cuando camino a través de las sombras de la incertidumbre y la desesperación,

Sé mi guía, Santa Rita, y deja que tu espíritu resiliente ilumine mi camino.

Ayúdame a entender que el duelo es parte de mi viaje,

No un obstáculo, sino un escalón más cerca de Dios, nuestro Padre Celestial.

A menudo me siento sola, mis gritos no escuchados, mi dolor invisible - en estos momentos, tráeme consuelo, tráeme confort.

A través de la oscuridad, enciende en mí una fe inquebrantable,

Una fe que transforma cada lágrima en una oración, cada dolor en un acto de amor.

Ayúdame a llevar esta cruz de dolor con gracia, Santa Rita. Recuérdame que es en el hecho de llevar nuestras cruces que somos moldeados a imagen de Dios.

Cuando mi dolor sea tan vasto como el océano,

Devuélveme a la orilla del amor eterno de Dios.

En tu infinita comprensión, Santa Rita, consuélame,

Y acércate a nuestro Misericordioso Salvador en mi nombre.

Mientras navego por este mar de tristeza y tribulación,

Estabiliza mi curso y guíame hacia el puerto eterno de Dios.

Que yo, al igual que tú, posea una fe inquebrantable sin importar la tormenta,

Porque al aferrarnos somos sostenidos por nuestro Dios amoroso y misericordioso.

Santa Rita, en tu dulce comprensión, escucha mi súplica. Intercede por mí ante nuestro Señor, que cura y levanta a los de corazón quebrantado.

En estos tiempos de dolor insoportable y tristeza paralizante, toma mi mano y guíame hacia el calor de la presencia reconfortante de Dios.

Santa Rita, ruega por mí, apóyame,

Recuérdame que la gracia de Dios es inacabable, Su amor no conoce límites.

Mientras llevo en mi corazón el peso de mi duelo,

Que encuentre solaz en tu intercesión, fuerza en tu ejemplo.

A través de tu intercesión, que pueda soportar este tiempo de duelo, transformada en gracia, más cerca de Dios, y confortada por Su Amor Divino.

Oración para Iluminar el Camino de la Vida Matrimonial

Padre Celestial, en Tu infinita misericordia y sabiduría, vengo ante Ti hoy. Este humilde servidor implora Tu guía divina y Tu tierno cuidado como afirmación de mi fe y confianza en Ti. Santa Rita de Cascia, faro de esperanza para los matrimonios en problemas, busco tu intercesión. Ayúdame a extraer sabiduría de tu vida, tus luchas y tu fe inquebrantable. Permíteme entender las virtudes que encarnaste como esposa y madre, la paciencia que mostraste, el amor que otorgaste, y el consuelo que encontraste en la gracia del Señor.

Oh Señor, Tú que creaste el matrimonio como un sagrado pacto de respeto mutuo y cargas compartidas. Te agradezco por este camino que has trazado para mí. Pero, humildemente Te suplico por guía ya que hay momentos en que este camino parece empinado y estrecho. Derrama sobre mí, Señor, la sabiduría para percibir Tu voluntad, el coraje para seguirlo, y la fortaleza para perseverar.

Santa Rita, faro de esperanza, ilumina mi corazón. Que me esfuerce en demostrar amor en mis palabras y acciones, que la paciencia y humildad que encarnaste guíen mis pasos. Que mis acciones reflejen la misericordia del Señor, su paciencia y su amor infinito.

Señor, rezo por mi cónyuge, el compañero que elegiste para mí. Esperando que podamos navegar las pruebas de la vida brazo a brazo, corazón a corazón, siempre unidos por el amor, el respeto, y el santo pacto del matrimonio. Enciende en nuestros corazones, Señor, la llama del amor que resiste las tormentas de la vida.

Anímanos y guíanos, Santa Rita, en este viaje de compromiso marital. Ilumina nuestro camino con la luz de la comprensión, fomentada por la santa sabiduría. Permíteme ver más allá de mis deseos y entender las necesidades de mi cónyuge. Equípanos con un espíritu inquebrantable que ninguna barrera pueda manchar el vínculo que compartimos en Tu santo nombre.

Padre Celestial, permítenos tener el coraje y la humildad para buscar la reconciliación cuando surjan disputas. Para entender que el amor conoce el perdón, y en ese perdón, reflejamos Tu divina misericordia. Recuérdanos que la unidad en nuestro matrimonio refleja la unidad de la Santa Trinidad.

Santa Rita, a través de tu intercesión, que podamos recordar que nuestro viaje matrimonial no es solo un compromiso terrenal, sino también un viaje espiritual, que nos lleva más cerca del amor infinito de Dios.

Escucha mi oración, oh Señor, por claridad, guía, y sabiduría. A través de la intercesión de Santa Rita, que mi matrimonio sea un testimonio de amor, una canción de paciencia, y un símbolo de unidad en Tu presencia.

En el nombre del Padre, del Hijo, y del Espíritu Santo, encomiendo mi oración, mi cónyuge, y mi matrimonio a Tu cuidado protector, hoy y todos los días por venir. Amén.

Oración para Refugio Espiritual en Santa Rita

Dios del tiempo infinito, la Raíz de todo amor, el Creador de los lazos conyugales, humildemente buscamos tu refugio espiritual a través de Santa Rita de Cascia, tu fiel sierva. Tú, que formas las estrellas y domas la furia del mar, escucha nuestra desesperación susurrada bajo los suaves rayos de la luna. Apelamos a través de Santa Rita, nuestra patrona de las causas difíciles.

Envuélvenos en tu abrazo omnipresente, Fuente de Serenidad, mientras los vientos turbulentos de la tribulación matrimonial aúllan a nuestro alrededor. Al igual que Santa Rita encontró consuelo en tus brazos divinos en medio de sus pruebas terrenales, guíanos a buscar comunión contigo.

A través de la intervención de Santa Rita, deja que tu divina sabiduría, prístina como la primera luz del alba, ilumine nuestro camino. Permítenos percibir nuestro camino matrimonial como un viaje de descubrimiento compartido en lugar de una tarea ardua. Mantén nuestra unidad intacta en algún lugar entre la infancia del amanecer y el suspiro del crepúsculo, entre pétalos caídos y la lágrima del otoño.

Deja que Santa Rita, que transformó sus espinas en rosas florecientes, interceda por nosotros. Deja que nuestras quejas se conviertan en canciones de perdón, nuestras disputas en momentos de sinceridad. Como un río que se fusiona con el mar, deja que nuestras individualidades se mezclen en una, nuestros corazones latiendo en armonía divina. Que nuestro hogar no sea un campo de batalla sino un jardín de amor en flor con compasión.

Dios de Amor, a través de la ayuda de Santa Rita, que podamos saludar la furia de la tormenta con una fortaleza inquebrantable. Con cada latido sincopado con el ritmo divino, que la paciencia sea nuestro himno, el amor nuestro santuario.

Por intercesión de Santa Rita, te rogamos que nos bendigas con tu Celestial Alegría, para equilibrar el crepúsculo de las penas con el amanecer de la alegría. Que nuestro lazo matrimonial, como los ríos que tallan cañones, sea a la vez un testimonio del tiempo y las pruebas, y un espectáculo de la resistente fuerza del amor.

Santo Padre, a través de la luz guía de Santa Rita, ilumina nuestros corazones y mentes. Que la fe sea nuestra brújula, el amor nuestro viaje y el perdón nuestro destino. Que podamos adentrarnos más allá de la superficialidad de la aflicción mundana y encontrar refugio en la serenidad perdurable de las oraciones compartidas, susurros silenciosos bajo la colcha de estrellas de la noche.

Al igual que Santa Rita descubrió su santuario en tu abrazo divino, nos instas, oh Bondadoso, a encontrar el nuestro en los demás. Que nuestro amor refleje tu luz divina; un faro en medio de mares tempestuosos, un santuario en el desierto de la desesperación.

A través de la grácil intercesión de Santa Rita, que podamos vislumbrar el paraíso en sonrisas compartidas, notar la divinidad en el silencio compartido y percibir la santidad en las penas compartidas. Que nuestro amor, como un río incesante, se convierta en un canto de eterna devoción hacia ti.

Oh Divina Fuente, atiende nuestras oraciones en nombre de Santa Rita. Deja que los ecos de nuestras súplicas abracen tu eterna tranquilidad, impregnando de paz la médula de nuestras vidas. Porque solo en ti descubrimos nuestra fuerza, en tu luz encontramos nuestro camino, y bajo tu mirada, encontramos refugio. Amén.

Oración para Protección

Oh Santa Rita de Cascia, faro de esperanza en mares turbulentos; Patrocinadora poderosa, en el valle de nuestras tribulaciones terrenales, intercede.

Por las esposas que se mantienen como faros en noches tormentosas,

Pide al Señor que las envuelva en Su protección y guíe sus vuelos.

Como un buque es sacudido en el océano tormentoso y amplio,

Permite que estas esposas encuentren calma y consuelo en Su luz guía al lado.

Poderosa intercesora, tú que soportaste el dolor con gracia,

Petición por estas esposas, buscando la paz celestial en la salvaje persecución de la vida.

Consuélalas en su soledad, cuando los vientos de cambio soplen,

Recuérdales Su amorosa mano, guiándolas a donde ir.

Milagrosa Santa Rita, tú que comprendes el silencio de la tormenta,

Ruega en nombre de estas esposas, fortaleza desde dentro.

Para enfrentar la tempestad valientemente, cabezas altas y corazones encendidos,

Para confiar en Su divina sabiduría, brillando a través de la bruma.

Sagrada Santa Rita, timonel en el mar profundo y oscuro,

Intercede por estas esposas, reza por sus viajes.

A través de las ondas crecientes de adversidad y lucha,

Que puedan sacar coraje de Su amor, iluminando la vida.

Bendita Santa Rita, en el glorioso tema del Cielo,

Suplica al Señor, Su protección para redimir.

De los peligros mortales que acechan en lo profundo,

Reza por las esposas, para mantener sus almas firmes.

Oh Santa Rita de Cascia, susurra sus nombres en Su oído,

Invoca el escudo divino, para aclarar cada amenaza.

Pide que Su amor las estabilice, les de fuerza para seguir adelante,

Cuando la noche está más oscura, antes del amanecer.

Santo Abogado, ayuda a estas esposas a navegar los mares tormentosos,

Pide a Dios por fuerza, consuelo y paz para incrementar.

Mientras se enfrentan a los vientos, las olas, lo desconocido,

Reza para que Su amor brille en la oscuridad, guiándolas a casa.

Querida Santa Rita de Cascia, desde tu sagrada morada arriba,

Intercede por estas esposas, envueltas en Su amor eterno.

Reza para que se mantengan fuertes, firmes, resistan el daño más profundo,

Envueltas en el calor de Su amor, centradas, serenas y calmas.

Así que reza Santa Rita, abogada de los desesperados y los perdidos,

Intercede por estas esposas, no importa el costo. Amén.

Oración para Buscar la Guía de Dios durante las Decisiones

En la tranquila piscina de mi corazón, Señor; en el silencioso espacio donde mi espíritu se encuentra con el Tuyo, encuentro reposo. Pero soy débil, Señor; mi espíritu vacila en la encrucijada de mi vida.

Guíame, a través de la intercesión de Santa Rita de Cascia, para que pueda discernir con clara visión el camino destinado para mí.

En mi fragilidad, Señor; cuando me agobia el peso de las decisiones y me nublan mis propios deseos, busco Tu mano guía.

A través de Santa Rita, quien navegó las tormentas del conflicto matrimonial con gracia y humildad, condúceme a Tu verdad.

En mis incertidumbres, Señor; cuando es difícil distinguir entre lo necesario y lo efímero, anhelo tu sabiduría.

Santa Rita, esposa fiel y pacificadora, intercede por mí, para que al buscar la voluntad de Dios, pueda tomar decisiones que le agraden.

En la profundidad de mis miedos, Señor; tiemblo ante lo desconocido, dudoso de dar el siguiente paso.

Anímame, a través del valor de Santa Rita al enfrentar sus pruebas, para que pueda abordar las mías con igual fe inquebrantable.

En mi alegría y en mi dolor, Señor; en los picos y valles de mi viaje, anhelo Tu presencia reconfortante.

A través de Santa Rita, sabia y paciente en sus sufrimientos, alienta mi corazón a aferrarse a Tu amor inmutable.

Expongo mis insuficiencias, Señor; mis debilidades y mis dudas, las deposito todas en Ti.

Por la intercesión de Santa Rita, que no confíe en mi propio juicio, sino en Tu incomprensible sabiduría.

En mis luchas como esposa, Señor; las presiones, los malentendidos, las cargas, suplico Tu fuerza.

Hazme firme como lo fue Santa Rita, para que pueda perseverar y soportar las pruebas con paciencia y amor.

En Tu divina presencia, Señor; permíteme descansar, permíteme encontrar claridad, y permíteme ser guiada.

A través de la intercesión de Santa Rita, mi fe en Ti no vacilará; mi espíritu no se cansará.

En Tu nombre, Señor; con la bendita intercesión de Santa Rita de Cascia, eleva mis oraciones.

Confío en Ti; con tu guía, discerniré, decidiré y actuaré. Amén.

Oración para Manifestar Unidad en la Familia

Cristo, fuente de unidad, nos presentamos humildemente ante Ti, buscando la luz de Santa Rita de Cascia. Así como ella buscó paz y armonía en su vida, le pedimos que interceda por nuestra familia, para que la unidad prevalezca en nuestros hogares.

Cristo, fuente de amor, guía nuestros corazones hacia la comprensión y aceptación. Que podamos vencer todo desacuerdo a través de Tu amor divino, como lo hizo Santa Rita en su propia familia.

Mientras luchamos contra las olas de desunión y confusión, Santa Rita intercede por nosotros. Ayúdanos a recordar que en medio de las pruebas, la unidad en Cristo es nuestro faro de esperanza.

Cristo, nuestro consuelo, bendice las manos que sirven en nuestros hogares. Como esposas, que en Santa Rita encontremos la inspiración para amar sin condiciones, para servir sin esperar nada a cambio, para sacrificar por el bien de aquellos a nuestro cuidado.

Santa Rita, tú que conociste las dificultades de la vida familiar, intercede por nosotros. Que encontremos la fuerza y la paciencia para perdonar, sanar y reconstruir la unidad de nuestra familia bajo el amor de Cristo.

Cristo, nuestro refugio, que nuestros hogares emulen la unidad presente en la Sagrada Familia de Nazaret. Así como Santa Rita entregó su voluntad a Tu divina providencia, que también entreguemos nuestras preocupaciones y miedos, abrazando cada oportunidad para la unidad en nuestra familia.

Santa Rita de Cascia, en tu camino terrenal experimentaste tanto alegría como tristeza, paz y discordia. Intercede por nosotros, para que podamos navegar nuestro propio camino con gracia y resiliencia, fomentando la unidad y comprensión en nuestros hogares.

Cristo, nuestra esperanza, no pedimos un camino fácil, sino el valor para enfrentar cualquier dificultad que amenace nuestra unidad. Guía nuestras acciones, nuestras palabras y nuestros corazones hacia el amor, la paciencia y la comprensión.

Santa Rita, patrona de causas imposibles, intercede por nuestras familias. Que podamos creer en la posibilidad de unidad incluso ante aparentes imposibilidades.

Cristo, al final de nuestros días, que nuestro legado sea uno de amor y unidad. Así como la vida de abnegación y servicio de Santa Rita se convirtió en su legado eterno, que nuestras vidas reflejen lo mismo.

En unidad y voto a Cristo, depositamos nuestra confianza. Pedimos las oraciones de Santa Rita, para que nuestros hogares manifiesten unidad, nuestros corazones se llenen de amor y nuestras vidas sean testimonio de Tu divina gracia. Amén.

Oración para Buscar Esperanza en Tiempos Desesperados

En medio de la tormenta que aúlla, Santa Rita, intercede por nosotros, mientras navegamos por estas aguas tumultuosas, unidos por la confianza matrimonial.

Guía nuestros corazones y despeja nuestra visión, que los demonios no alteren el mar,

Este barco de unión sagrada lucha contra el vendaval, desesperado por ser libre.

En medio de las lágrimas y la tempestad, Oh patrona de las causas imposibles, presta tu ayuda,

Ayúdanos a sondear estas profundidades oscuras y a reparar donde el amor se ha desgastado.

Con cada ola que pasa, que encontremos resistencia en nuestro ancla,

En la fe, en el amor, en la esperanza, que no desesperemos ni flaqueemos.

Como el faro llama al marinero a casa, Santa Rita, guía nuestro rumbo,

Protégenos de las fauces del abismo, de los corazones pesados de remordimiento.

Ancla en el puerto del amor divino, guíanos lejos de arrecifes peligrosos,

Con tu intercesión, que la desesperación de paso al alivio.

Para aquellos atrapados en la corriente marina, Oh puente entre lo terrenal y lo divino,

Trae paz a sus almas agitadas por la tormenta, en la esperanza que sus corazones se entrelacen.

Por la brújula de la fe, guíanos a través de estos estrechos peligrosos,

Llévanos a las orillas de la reconciliación, antes de que sea demasiado tarde.

Ante la desesperación que oscurece el cielo, Santa Rita, se nuestra luz,

Disipa las sombras del desacuerdo y la desesperación que alimentan nuestras luchas.

Enséñanos a trazar nuestro curso por las estrellas del perdón y la comprensión,

Ayúdanos a encontrar la fuerza para soportar esta tormenta, sin importar lo exigente.

Cuando el oleaje amenaza con abrumar, Santa Rita, recuérdanos nuestra promesa,

Este sagrado compromiso, de amar y honrar, parece tan distante ahora.

A la deriva en este mar furioso de dolor, que en tu intercesión encontremos,

El faro de la esperanza que ilumina el camino, un faro en nuestra opresión.

En esta hora de desesperación, Oh patrona de los desesperados, ruega por nosotros,

Que en tu intercesión celestial, encontremos un sentimiento de confianza.

Brazo con brazo, corazón a corazón, a través de la tormenta nos esforzaremos,

Unidos por el libro del amor, fieles y esperanzados, por siempre.

Gracias Señor...

_____
_____
_____
_____
_____
_____
_____
_____

Santa Rita de Cascia, por favor intercede por mí...

_____
_____
_____
_____
_____
_____
_____
_____

Mi oración personal...

_____
_____
_____
_____
_____
_____
_____
_____

Mi oración por mis seres queridos...

_____
_____
_____
_____
_____
_____
_____
_____
_____

Mis desafíos actuales...

_____
_____
_____
_____
_____
_____
_____
_____

Señor, ofrézcame guía...

_____
_____
_____
_____
_____
_____
_____
_____

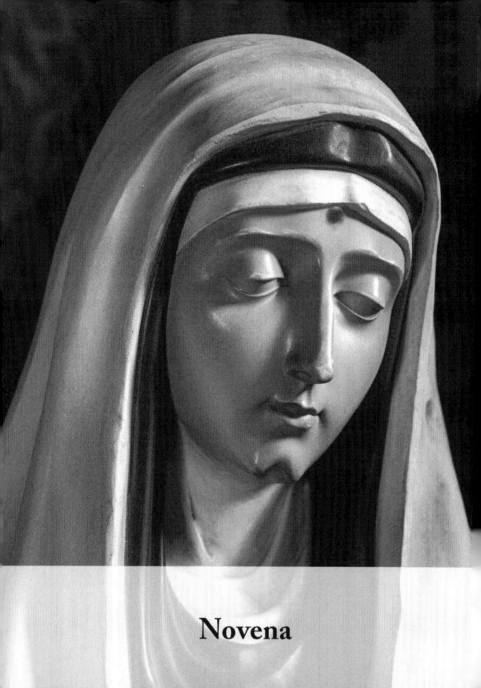

Novena

Introducción

Bienvenidas, queridas esposas, a esta odisea de nueve días de oración, fe y reflexión. El viaje que están a punto de emprender está enmarcado por la valiente y divina vida de Santa Rita de Cascia, una mujer de profunda virtud, fe y resistencia cuyo brillante ejemplo ha sido un faro de esperanza para muchos. Esta novena está diseñada para invocitar la guía espiritual de Santa Rita en sus matrimonios y vidas. Juntas, cada día, absorberemos un segmento de su inspiradora jornada para iluminar nuestro camino y empoderarnos para superar las luchas en nuestras vidas. Desde su paciencia utilizada para soportar dificultades matrimoniales, hasta la fuerza y el perdón que practicó al enfrentar pérdidas insuperables, la vida de Santa Rita ofrece un ejemplo extraordinario de fe y devoción.

Su triunfal entrada en la vida monástica, después de años de ser rechazada, es un testimonio de su coraje y perseverancia. El viaje de Santa Rita culmina en experiencias místicas divinas, compartiendo literalmente en el sufrimiento de Cristo, y su paso a la vida eterna, dejando un cuerpo incorrupto como un faro de milagros.

Esta novena a Santa Rita no es un camino fácil; es un llamado al coraje, la fortaleza, la fe y la paciencia. Nos convoca a soportar, a perdonar, a esperar y sobre todo, a amar incondicionalmente, como lo hizo Santa Rita de Cascia. Que su intercesión nos guíe y brinde consuelo durante nuestros tiempos de prueba, y que sus ejemplos celestiales nos inspiren a abrazar el amor divino que siempre nos rodea.

Gracias Señor por...

_____

_____

_____

_____

_____

_____

_____

_____

_____

_____

_____

_____

Mis intenciones personales de novena...

_____

_____

_____

_____

_____

_____

_____

_____

_____

_____

_____

_____

_____

_____

_____

Mis intenciones para la humanidad...

Mis intenciones de novena para mis seres queridos...

Primer Día

Amada Santa Rita, mujer de fe inquebrantable y valentía inconmovible, al iniciar este sagrado camino, pedimos tu intercesión. Recorriste senderos llenos de pruebas y tribulaciones; tu juventud marcada por el misterio del plan de Dios, y tu vida matrimonial, por la imprevisibilidad de tu esposo. Sin embargo, tu fe nunca vaciló. Como el bastón que nutrió el árbol mucho después de que se diera por muerta la madera, tu fe inquebrantable dio frutos cuando las circunstancias pronosticaban esterilidad. Hoy, humildemente te pedimos que nos ayudes a asimilar esa misma fe. Que las lecciones extraídas de tu vida nos fortalezcan para hacer frente a los desafíos imprevisibles que el matrimonio suele presentar. Tal como la rama de olivo consagrada, que a pesar de los vientos que la azotan, da sus frutos a su debido tiempo, que nuestra vida matrimonial tenga la resistencia que necesita en tiempos de pruebas.

Santa Rita, fuiste faro de esperanza en tiempos de desesperación, púlpito de fortaleza en momentos de debilidad. Tú, que amaste hasta que dolió y rezaste hasta que los milagros se desplegaron, susurra nuestros nombres en los pasillos del Cielo, pintando nuestras pruebas y tribulaciones con tonos de tu propia vida. Con cada latido de nuestros corazones, permite que nuestra fe resuene al ritmo de tu inmutable creencia. Enséñanos a ver, incluso a través de una lente nublada, que cada desafío conlleva la semilla del crecimiento potencial.

Como esposas, llevamos la melodía de nuestras familias en nuestros corazones, marcando el ritmo del amor, la fe y la perseverancia. La melodía a menudo suena en armonía, pero a veces se interrumpe, desafina y vacila. Ayúdanos a recordar que estas interrupciones no significan el final de la melodía, sino que invitan a una nueva armonía. Inspiramos el coraje para enfrentar estos cambios inesperados, aferrados a nuestra fe, como lo hiciste tú.

Que las paredes que construimos alrededor de nuestros corazones se derrumben, dando lugar a la comprensión y la compasión. Guíanos, Santa Rita, a seguir el camino del perdón cuando llega la traición, de paciencia cuando los provocaciones gritan, de silencio cuando las palabras no son suficientes.

Ayúdanos a llevar nuestras cruces, no como cargas pesadas sobre nuestros hombros, sino como los instrumentos que perfeccionan nuestro amor, moldean nuestro carácter, depuran nuestra espiritualidad. Santa Rita, Patrona de las Causas Imposibles, que nuestras peticiones y lágrimas no se disipen en el viento sino que recorran los caminos celestiales hasta las puertas de lo Divino.

Al concluir el primer día de nuestra novena, descansamos en la seguridad de tu compañía celestial, creyendo que ninguna oración pronunciada en fe retorna vacía. Continúa fortaleciéndonos con resistencia, infúndenos coraje y báñanos con amor divino, mientras emprendemos el sagrado camino de transformar nuestros matrimonios en reflejos de la unidad divina.

A través de Cristo nuestro Señor, oramos. Amén.

Reflexiona sobre las lecciones de la vida de Santa Rita. Deja que estos nueve días de novena sean un viaje de crecimiento, de curación y de convertirnos en mejores versiones de nosotras mismas como esposas e hijos del Altísimo. Ten la seguridad de que no caminas sola. Pues Santa Rita viaja contigo, guiando tus pasos, iluminando tus caminos y susurrando aseguranzas divinas en los capítulos silenciosos de tu vida.

Segundo Día

Amada Santa Rita de Cascia, tú que has sido un modelo de paciencia y perdón frente al sufrimiento y la adversidad, te suplicamos que vengas en nuestro auxilio. Al comenzar este segundo día de nuestra novena, pedimos la gracia divina para desarrollar un espíritu de paciencia, especialmente al tratar con los defectos, imperfecciones y errores de nuestros esposos. Santa Rita, dedicaste tu vida al amor, cuidando de tu marido abusivo y de tus hijos, a pesar de las duras pruebas de tu fe. Ligada por el matrimonio, decidiste ver más allá de las oscuras nubes de los malos modos y las tendencias abusivas de tu esposo. Creíste firmemente en el poder redentor del amor, entendiendo que la gracia de Dios podía tocar incluso los corazones más fríos. Con el amor divino en tu propio corazón, permaneciste paciente y perdonadora, reflejando la infinita misericordia de nuestro Señor.

Cuando las frustraciones y decepciones surgen dentro de los confines de nuestros matrimonios, que podamos encontrar la fuerza que tú mostraste. Moldea nuestros corazones, Santa Rita, para que podamos practicar un auténtico perdón, aprendiendo a dejar de lado el resentimiento, el dolor y el peligroso deseo de venganza. Enséñanos la sabiduría de poner más aceite en nuestras lámparas de paciencia mientras esperamos que nuestros esposos cambien y se conviertan en mejores versiones de sí mismos.

En los momentos de conflicto y discordia, oramos para que intercedas por nosotros. Que podamos recordar la santidad de nuestros votos matrimoniales, destacando nuestro compromiso de amar "en la salud y en la enfermedad, en la riqueza y en la pobreza". Así como tú permaneciste fiel e inamovible en tu devoción a tu familia, que nosotros también demostremos una inquebrantable firmeza, aceptando los defectos de nuestros esposos y viéndolos a través del lente de una comprensión compasiva.

Tal como oraste por el cambio de tu marido y para que sintiera el amor de nuestro Salvador, así también oramos por la transformación de nuestros esposos. Anhelamos su liberación de comportamientos dañinos, que sus corazones se llenen de amor y respeto, y que nuestros matrimonios den fruto de paz, entendimiento y empatía mutua.

Santa Rita, honramos tu supremo ejemplo de servicio desinteresado, de soportar penalidades con gracia y de cuidar a tu familia sin pensar en tu propio confort. Motivados por tu vida, aspiramos a transformar nuestros hogares en refugios de paz, amor y comprensión, haciendo eco de tu espíritu de paciencia y perdón, el cual sin duda agrada a nuestro Padre Celestial.

En esta novena, ofrecemos nuestros corazones, ya radiantes de esperanza por tu historia. Confiamos en tu intercesión divina, creyendo en el poder de la oración, sabiendo muy bien que Dios escucha los lamentos de sus hijos.

Nos comprometemos a resistir, a perdonar y a amar. Al igual que nuestro Salvador amó, tu ejemplo, oh Santa Rita, nos lleva a creer que incluso entre el conflicto y el sufrimiento, los brillantes momentos de gracia están a la espera de ser descubiertos.

María, Madre de Dios y nuestro Padre Celestial, escucha nuestras oraciones y amablemente extiéndelas a tu hijo, Jesús. A través de la santa vida de Santa Rita de Cascia, que podamos encontrar inspiración para servirte con mayor fidelidad en nuestra vocación como esposas. En el santo nombre de Jesús oramos, Amén.

Tercer Día

En este tercer día de nuestra novena, reflexionamos sobre la increíble fortaleza, esperanza y amor inquebrantable que Santa Rita de Cascia otorgó a su esposo, un hombre que trajo discordia y tribulación a su vida. Meditemos sobre su profunda resistencia, paciencia y resiliencia, enseñándonos que el amor, arraigado en la gracia divina, puede transformar incluso los corazones más endurecidos. El desconsuelo no le era ajeno a Santa Rita. Soportó muchos años de pruebas y tribulaciones con un esposo conocido por su violenta reputación y temperamento impulsivo. A pesar de enfrentar abuso y adversidad, nunca perdió la fe en el poder transformador del amor y la gracia. A través de su persistencia paciente y profunda devoción, Santa Rita intentó reformar el comportamiento de su esposo, transformando su hogar en un lugar de paz y santidad.

La compasión de Santa Rita hacia su esposo no se basaba en sus méritos, sino en su firme creencia en el generoso amor de Dios por cada criatura. Su paciencia duradera evoca diariamente en nosotros un profundo reconocimiento del poder del amor divino, que ve más allá de nuestros defectos y nos anima a abrazar nuestra humanidad compartida.

Oh, gloriosa Santa Rita, conociendo tu dolor, buscamos tu orientación y apoyo. Muévenos hacia la paciencia, la comprensión y, tal vez lo más desafiante de todo, hacia el perdón. Como tu encontraste, que también encontremos la fuerza para soportar entre las pruebas y tribulaciones. Enséñanos a ver a través del velo del dolor y el sufrimiento, para descubrir una bondad innata en nuestros cónyuges, por defectuosos que sean.

Ruega por nosotros, Santa Rita, para que nuestros matrimonios sean fuertes, centrados en el amor y la fe. Ayúdanos a perseverar en nuestros matrimonios, independientemente de las dificultades que encontremos. Guíanos en la expresión del amor, incluso cuando nos enfrentamos a momentos inamorables. Que nunca perdamos la esperanza en nuestros socios, ni dejemos de recordar que cada corazón tiene el potencial para la transformación.

Gloriosa Santa Rita, te enfrentaste a la tormenta con paciencia y humildad, negándote a tomar represalia contra el trato duro de tu cónyuge. En cambio, elegiste responder con amabilidad, paciencia y amor. Inspíranos a emular tus virtudes al enfrentar dificultades maritales. Al igual que tú oraste por la conversión de tu esposo con paciencia infalible y fe, inspíranos a ser catalizadores de amor y cambio en nuestros propios cónyuges.

En este día, recordemos a Santa Rita y la increíble fortaleza que ejerció en su matrimonio. Recordemos su paciencia, esperanza y amor inquebrantable, reflejando estas virtudes en nuestros propios matrimonios, creyendo firmemente en el poder del amor divino, la transformación y la gracia.

Padre celestial, al rezar esta novena a Santa Rita, te pedimos que extiendas tus bendiciones sobre nuestros matrimonios, brindándonos fortaleza y guía para resistir cualquier prueba que se nos presente. Enséñanos a servir a nuestros cónyuges con amor y paciencia inquebrantables, reflejando la fe constante de Santa Rita frente a la adversidad, para la máxima gloria de tu nombre.

Por Cristo nuestro Señor, Amén.

Cuarto Día

En este día de la novena, dirijamos nuestra mirada y corazones hacia Santa Rita en su momento de profunda pérdida, en lo más profundo de su dolor cuando su amado esposo fue cruelmente arrebatado debido a un acto violento. Aún a través de tal dolor y agitación, Santa Rita pudo encontrar gracia y paz en medio de su adversidad.

Comienza centrando tu corazón. Siéntate en silencio por un momento. Cierra los ojos, respira hondo e imagínate en presencia de Dios. Desahógate con Él, expresa todo tu dolor, tu duelo, tus tristezas y tus miedos. Confía en que Él escucha cada palabra, siente cada sollozo y recoge cada lágrima derramada en tus momentos de angustia.

Padre Celestial, apelo a tu amor divino y misericordia para que me rodees en tiempos de pérdida y profundo dolor. Aunque mi corazón esté lleno de tristeza y soledad, creo en tu promesa de que los que lloran serán consolados. Al caminar por este sendero, invoco tu fuerza divina, tal como lo hizo Santa Rita.

Santa Rita conocía la agonía de perder a un cónyuge, de enfrentar al mundo y sus desafíos sola, desprovista de la mano que había sostenido durante tantos años. Tuvo el valor de aceptar su devastadora pérdida como parte del plan divino de Dios para su vida, una fe que solo puede venir de un corazón profundamente sumergido en una profunda confianza y creencia en el Señor. Pido la gracia de ver mis pruebas como escalones hacia una fe mayor.

Intercede por mí, Santa Rita, heralda de lo imposible, en mis tiempos de angustia y dolor. Que mis lágrimas rieguen las semillas de mi fe y confianza en la voluntad de Dios. Guíame mientras me esfuerzo por caminar aceptando el plan divino de Dios, cuya profundidad y amplitud mi mente finita tal vez nunca comprenda del todo.

Inspírame, Santa Rita de Cássia, a rezar constantemente, a creer inquebrantablemente y a rendirme de buena gana ante lo que se presente en mi camino. Recuérdame siempre el amor que rodeó cada una de tus pruebas, la gracia que cubrió cada dolor y la esperanza que te impulsó hacia los brazos de nuestro Salvador misericordioso.

Querido Señor, por muy grandes que sean las olas de la vida, concédeme la gracia de rendirme con gracia a tu voluntad divina y sabiduría infinita. Anhelo abrazar la gracia que Santa Rita tuvo durante su tiempo de pérdida, comprendiendo que su tristeza no fue el final de su viaje, sino un paso más cerca de Ti.

Defensora de las esposas y viudas, Santa Rita, reza por mí. Ilumina mi camino con esperanza, fortalece mi corazón con valentía, llena mi alma con paz en el conocimiento de que nunca estoy sola en mi dolor, porque el Señor, mi Dios, permanece siempre conmigo, en cada estación de mi vida.

Amén.

Este día de la novena concluye en el reconocimiento de que, como Santa Rita, podemos atravesar los valles más oscuros y aún permanecer firmes en nuestra fe. Al buscar su intercesión, se nos recuerda que nuestro dolor y tristeza no son en vano, sino que sirven como la escalera que nos acerca a nuestro Padre celestial.

Quinto Día

Amada Santa Rita, en este día, reflexionamos sobre el profundo dolor que enfrentaste con la pérdida de tus dos hijos. A diferencia de otras madres, tu aflicción fue doble, el peso de perder a tus hijos y la contemplación de su incapacidad para perdonar te causaron un dolor inmensurable. Te convertiste en un emblema tanto de la tragedia humana como divina, un espejo de la Virgen Bendita que también perdió a su hijo de la manera más cruel. Sin embargo, en el corazón de tu tristeza, encontraste resistencia, apoyándote en la fe como un bálsamo para aliviar la herida de la pérdida. Convertiste tu lamentación en una oración, un elemento central de la fuerza de cada esposa ante la adversidad. Hoy, buscamos tu intercesión, rezando por la gracia de desarrollar la misma resistencia en nuestras pruebas como esposas, la misma fuerza para canalizar nuestro más profundo dolor en una fe transformadora.

Celestial Santa Rita, conociste el peso de la cruz de cada esposa, la agonía de cada madre. En tu nombre, imploramos: 'Santa Rita, ruega por nosotros para que encontremos consuelo en nuestra agonía y valentía en nuestro sufrimiento. Como tú, recordemos el amor de Cristo siempre que nos sintamos consumidos por la penumbra, enseñando a nuestros corazones a aferrarse a Él, fuente de amor eterno'.

Hoy, honramos tu espíritu, Santa Rita. Recordamos tu aflicción y cómo permitiste que las amargas raíces de la tristeza dieran los dulces frutos de la santidad. Tus lágrimas lavaron las tentaciones mundanas de tu corazón, permitiéndote ver claramente el camino divino que se extendía ante ti. Descendiste al abismo de la pérdida y desde allí, descubriste un manantial de amor divino, un amor tan profundo y fuerte que nos lleva a través de los inevitables desengaños de nuestras vidas.

En esta oración, te rogamos, Santa Rita, que intercedas en nuestro favor. Deja que tus poderosas lágrimas de dolor se conviertan en la lluvia que nutre nuestra fe. Ruega por nosotros, especialmente por aquellos de nosotros que están luchando con la pérdida de seres queridos, para que podamos reconocer nuestro dolor, no como un signo de debilidad, sino como un testimonio de nuestro amor, nuestra humanidad y nuestra capacidad para sanar.

Infúndenos, Santa Rita, con el espíritu para transformar nuestro dolor en fe. Haznos esposas que no sean derrotadas por el duelo sino fortalecidas por él. Permítenos ver en nuestro abismo personal la invitación para profundizar, para encontrar debajo, no solo tristeza, sino una devoción incondicional a Dios.

'Gloriosa Santa Rita, patrona de lo imposible, ruega por nosotros. Acógenos en nuestro dolor, y guíanos hacia la paz. Enséñanos a llevar nuestras cruces con gracia, como tú llevaste la tuya con una fe inquebrantable. En las profundidades de nuestra desesperación, danos el valor de gritar en oración'.

Guíanos, oh santa esposa y madre, en el camino del amor celestial, para responder a la tristeza con fe, a la pérdida con fuerza, y al dolor con gracia. Mientras que avanzamos en esta novena, ilumina nuestros corazones con la sabiduría que adquiriste durante tu tiempo de sufrimiento. Que nosotros, como tú, transformemos nuestro dolor en un testimonio elevado de fe inquebrantable y amor divino. Amén.

Sexto Día

Hoy, reflexionamos sobre la resiliencia de Santa Rita, una virtud que prueba su santidad y que estamos llamados a emular. Rita poseía un espíritu inquebrantable que le permitía rezar incansablemente, mostrando gratitud en momentos de gozo y confiando en Dios en momentos de desesperación. Demostró un notable compromiso con la vida de oración, a pesar de las continuas luchas que enfrentó y los numerosos rechazos que recibió del monasterio. Las puertas del monasterio agustino se cerraron tres veces ante ella, una viuda y madre, circunstancias aparentemente imposibles para entonces realizar su llamado a la vida religiosa. Cerrando nuestros ojos y sumergiéndonos en la oración, recordamos las tristes circunstancias de la vida de Santa Rita. Esta mujer de fe resonante que perdió a su amado esposo en una brutal disputa y luego a sus dos hijos poco después, una mujer que no quería nada más que dedicar su vida a Dios, fue cerrada de entrar al monasterio, no una, sino tres veces. Sin embargo, atendió persistentemente al llamado de Dios, confiando en Él de todo corazón.

Frente a las dificultades, Rita permaneció devota en sus oraciones. Con cada obstáculo, su fe solo se fortalecía, sus oraciones se volvían más fervientes. Aunque el mundo la negó, encontró apoyo en su divino Esposo, apoyándose en Él para consuelo y fuerza. Y en Él, encontró el coraje para persistir, sus deseos finalmente llegaron a realizarse milagrosamente cuando fue aceptada en el monasterio, trascendiendo todas las barreras terrenales.

Tomando como base su extraordinaria vida, recemos:

"Dios misericordioso, en tiempos de prueba y tribulación, busco tu consuelo, guía y amor inquebrantable. Santa Rita, tú que experimentaste la amargura de la vida pero continuaste creyendo y confiando en la Divina Providencia del Señor, intercede por mí. Fortalece mi propia perseverancia a través de tu ejemplo de fe, enséñame a llevar mi cruz con dignidad y gracia como tú. Ofrecéme la resistencia para enfrentar los desafíos de la vida, especialmente aquellos que vienen en mi vida como esposa.

Santa Rita, a través de tu intercesión, ayúdame a permanecer firme y comprometida con mis votos matrimoniales, especialmente cuando las circunstancias son difíciles. Santifica mi matrimonio, Santa Rita. Concédeme un corazón lleno de comprensión y paciencia para mi esposo, de la misma manera que mostraste amor devoto al tuyo, incluso durante tiempos difíciles.

Santa Rita, tú que rezaste incansablemente y cuyas oraciones finalmente abrieron las puertas del monasterio, infúndeme una vida dedicada a la oración. Que mis oraciones se eleven como incienso ante Dios, y que nunca flaquee en mi fe, sabiendo que Dios escucha, así como Él te escuchó a ti.

Permíteme encontrar consuelo en la oración, acercándome más a lo Divino en cada respiro, cada momento, en cada victoria y pérdida que enfrento en este viaje de ser esposa.

Santa Rita, patrona de lo imposible, intercede por mí en todos los momentos de mi vida, para que recuerde confiar en el Todopoderoso como tú lo hiciste, en momentos de alegría, lucha, y los intermedios. En tu nombre, y en el Santo Nombre de Jesús, rezo".

Ella nos enseña que la resistencia no se encuentra en la ausencia de dificultades sino en la fe de que Dios está con nosotros en cada tormenta, en cada desafío. Que cada uno de nosotros vea nuestras luchas como oportunidades para crecer en fe y amor, así como lo hizo Santa Rita. Ofrecemos nuestras oraciones hoy implorandole su intercesión. Amén.

Séptimo Día

Al amanecer del séptimo día de nuestra novena, reflexionamos sobre la virtud de la persistencia y la extraordinaria misión de Santa Rita, quien trabajó diligentemente para sanar la enemistad arraigada en su comunidad. Su firme determinación, fe inquebrantable, y disposición para abogar por la paz, a pesar de los obstáculos y dificultades, son espiritualmente instructivas para toda mujer. Para las esposas, hoy es un día especial de la novena para buscar la intercesión en temas de armonía relacional dentro de las familias y catalizar el camino hacia el perdón. En su vida, Santa Rita fue un modelo ejemplar de tenacidad inquebrantable. Tras las trágicas muertes de su esposo e hijos, discernió un llamado a la vida monástica donde podría dedicarse de todo corazón a la oración, la penitencia, y el servicio a Dios. Sin embargo, su decisión fue inicialmente rechazada por las monjas agustinas de Cascia ya que ella era viuda y no virgen. No desanimada por múltiples rechazos, Rita abordó su tarea con singular determinación, tal como había afrontado las tormentas en su vida marital.

Oración:

Santa Rita, eres la patrona de la constancia y la reconciliación. Te agradecemos por tu inquebrantable confianza en el plan de Dios, incluso cuando tu camino estaba lleno de espinas. Recordamos con gratitud tu incansable esfuerzo para resolver los rencores históricos en tu pueblo antes de ser aceptada en el monasterio agustino. Ora con nosotros hoy, mientras nosotros también intentamos sanar nuestros corazones y hogares de cualquier amargura o rencor.

Acudimos a ti en momentos de lucha y discordia matrimonial. Que tu incansable defensa de la paz nos inspire. Toma nuestra mano, querida Santa Rita, mientras atravesamos el terreno desigual de la reconciliación y el perdón familiar. En tu generoso espíritu, buscamos la fortaleza para enfrentar nuestras dificultades con coraje y la convicción de que, con Dios, ningún problema es insuperable.

Oración de la Novena:

Querida Santa Rita, a través de tu intercesión, buscamos la misericordia y ayuda de Dios. Sabemos que tú también fuiste esposa y comprendes los variados y peculiares desafíos de la vida matrimonial. Mientras continuamos esta novena en tu honor, te imploramos que nos guíes en nuestros intentos de resolver nuestras discordias familiares, tal como tú interviste para reconciliar viejas disputas.

Pedimos que tu vida ejemplar y tu inquebrantable dedicación a tu vocación, incluso frente al rechazo, nos inspiren a enfrentar y resolver nuestros problemas con gracia. Que siempre recordemos buscar la dirección de Dios, encontrando consuelo en su divino amor especialmente en tiempos de prueba, tal como tú lo hiciste.

Santa Rita, ruega por nosotros. Que tu pasión por lograr la armonía familiar y tu extraordinaria perseverancia que te llevaron a tu vocación monástica, nos guíen especialmente en nuestros momentos más débiles. Bendícenos, Santa Rita, con tu fortaleza, compasión y fe resoluta mientras recorremos nuestro camino.

Oramos en el nombre de Jesús, Amén.

Al concluir este día de la novena, llevemos con nosotros la perseverancia y la pasión por la paz de Santa Rita. Recuerda, su historia nos enseña una lección importante: no hay enemistad demasiado profunda ni camino demasiado sinuoso que no puedan resolverse cuando allanas el camino con fe inquebrantable, amor incondicional y confianza inalterable en el plan divino de Dios.

Octavo Día

Hoy, en esta jornada de nuestra novena, dirigimos nuestra mirada hacia un capítulo extraordinario en la valiente vida de Santa Rita y obtenemos una visión más profunda de su elección divina y su notable piedad. Santa Rita llevaba el estigma parcial místico, la marca de la Pasión del Señor. Tenía una herida en su frente, que se creía que era una imitación de la herida de Cristo de su corona de espinas. Este símbolo de la excepcional fe de Rita y su conexión divina nos insta a profundizar nuestra devoción a nuestros propios votos matrimoniales y a servir a nuestros esposos con mayor reverencia y amor. Oremos:

"Dios misericordioso, que ha marcado a Santa Rita con la herida profunda de Tu divino hijo, fortalécenos en nuestras propias cruces. Que verdaderamente nos regocijemos en nuestros roles únicos como esposas y madres y cumplamos nuestros deberes con inquebrantable lealtad. Como Santa Rita, abrazemos plenamente nuestro viaje matrimonial, incluso ante las pruebas y tribulaciones."

Santa Rita vivió una vida ordinaria, pero su corazón estaba marcado con una santidad extraordinaria. Su herida, una manifestación de su participación empática en el sufrimiento de Cristo, se convirtió en un faro de esperanza para cada corazón luchador. La noble aceptación de Rita de su estigma, a pesar de su dolor físico y constante incomodidad, nos dirige a soportar nuestros discordia y desafíos matrimoniales con gracia divina.

Oremos:

"Oh Padre Generoso, concédenos la serenidad para aceptar las dificultades que se nos presenten. Así como Santa Rita aceptó su estigma con valentía noble, danos el poder para aceptar nuestras dificultades, convirtiéndolas en pilares de fuerza. Que cada gota de nuestro sudor y lágrima nutra el suelo de nuestra vida matrimonial, convirtiéndolo en un terreno fértil para el crecimiento y la renovación."

La marca en su frente, inatractiva a los ojos del mundo, era un símbolo de belleza divina a los ojos de Dios. Tenía un encanto único, irradiando un aura divina que cautivaba a aquellos que veían más allá de su apariencia física. Al igual que la herida de Santa Rita, nuestros desafíos matrimoniales pueden parecer inatractivos y desagradables, pero contienen oportunidades divinas para el crecimiento espiritual.

Oremos:

"Dios omnividente, como viste la belleza divina dentro de la dolorosa herida de Santa Rita, haznos ver más allá de nuestro dolor físico y emocional. Permítenos encontrar las oportunidades ocultas dentro de nuestros problemas y obtener fuerza de ellos. Como Santa Rita, iluminemos nuestros hogares, no con bellezas artificiales, sino con la radiación natural del amor, la paciencia y el entendimiento mutuo."

La vida de Santa Rita y sus estigmas son el epítome de la perseverancia y el amor divino. Son una fuente de inspiración y orientación espiritual que puede ayudarnos a maniobrar a través de las tormentas de la vida. Aprendamos de ella; fuerza en el dolor, belleza en el sufrimiento y fe en lo imposible. Al finalizar la parte de hoy de la novena, hacemos nuestras peticiones, esperando obtenerlas usando la intercesión de Santa Rita.

Al concluir, rezamos el Padre Nuestro, el Ave María y el Gloria, en honor a Santa Rita de Cascia, recordando las virtudes notables que ella encarnó, permitiendo que nos inspiren y nos guíen en nuestro propio viaje espiritual como esposas. Amén.

Noveno Día

En este último pero profundo día de nuestra novena, nos reunimos para honrar a Santa Rita de Casia, quien nos mostró el camino hacia el amor divino a través de su vida, luchas y milagros. Ella da testimonio del poder de Dios, visible en el estado incorrupto de su cuerpo; un testamento a su santidad, descansando pacíficamente en la basílica de Casia. Y hoy, invocamos su gracia para traer paz, consuelo y resolución a nuestros hogares y corazones. Oremos.

Querida Santa Rita, con sincero asombro, rendimos homenaje al milagro que es tu cuerpo incorrupto. Es un símbolo duradero de tu santidad, un faro que atrae a aquellos atrapados en circunstancias difíciles. Te imploramos hoy para que nos concedas la capacidad de transformar nuestras vidas en milagros, en los pequeños ajustes que hacemos cada día en servicio del amor, la paz y el entendimiento.

Conociste el dolor de los conflictos matrimoniales, el peso de los sacrificios realizados y la tensión de educar a los hijos en tiempos turbulentos, pero lo hiciste con un espíritu inquebrantable. Te pedimos ahora que guíes nuestras manos y corazones en nuestro propio viaje e invocamos tu intervención en nuestro favor, para devolver el amor perdido, calmar tiempos turbulentos, curar heridas antiguas y guiarnos en la crianza de una generación piadosa.

Te suplicamos, Santa Rita, alivia nuestras cargas y llena nuestros hogares de tranquilidad. Concédenos coraje cuando tropecemos, sabiduría cuando estemos perdidos y paciencia cuando nos pongan a prueba. Ayúdanos a navegar el laberinto de la vida matrimonial y, bajo tu patrocinio, que podamos resolver conflictos, perdonar faltas y celebrar la singularidad de cada uno.

En este día, buscamos impregnarnos de tu fascinante resiliencia. Como tú, que nuestras almas estén inmaculadas, resilientes en momentos de prueba, resonando tu paz que abarca siglos. Como esposas, recuérdanos nuestro valor y fortaleza, para que no los olvidemos en medio del caos de la vida cotidiana.

Al llegar al final de esta devoción de nueve días, tenemos fe en que tu intercesión divina nos ha sido otorgada, respondiendo a nuestras oraciones de maneras que quizás no comprendamos completamente ahora, pero que se desarrollarán con gracia y en el momento perfecto. Estamos agradecidos por tu inquebrantable acompañamiento a lo largo de esta novena y nos comprometemos a mantener vivas tus enseñanzas en nuestros hogares y corazones.

Gracias, Santa Rita, por enseñarnos el idioma del amor y la confianza en el plan divino, especialmente durante las noches más oscuras. Eres nuestra luz guía en el caótico viaje del matrimonio y la paternidad, un faro que nos acerca al tierno abrazo de Cristo.

Al concluir esta novena, que no marque el final de nuestro viaje espiritual, sino que encienda una chispa que alimente el crecimiento continuo, la compasión y el respeto mutuo en nuestros matrimonios. Que sigamos volviendo a ti, nuestra santa guía, en momentos de triunfo y pruebas, en el amor y la pérdida.

Que, por tu amable ejemplo y extraordinaria vida, nos convirtamos en vasos del amor divino dentro de nuestras familias y comunidades, resonando la paz de tu cuerpo incorrupto en nuestras vidas. Amén.

Al cerrar, llevemos adelante las gracias de esta oración de novena. Que las virtudes de Santa Rita resuenen en nosotros y que su vida siga siendo un testimonio de perseverancia, esperanza e intercesión.

¡Gracias!

Valoramos enormemente tus comentarios sobre este libro y te invitamos a compartir tus opiniones directamente con nosotros. Como una editorial independiente en crecimiento, continuamente buscamos mejorar la calidad de nuestras publicaciones.

Para tu comodidad, el código QR que se encuentra abajo te llevará a nuestro sitio web. Allí, puedes dejarnos tus comentarios directamente o encontrar el enlace para la página de reseñas de Amazon y compartir tu experiencia y ofrecer cualquier sugerencia para mejorar. En nuestro sitio web, también puedes ver nuestros libros relacionados y acceder a materiales suplementarios gratuitos.

Libros relacionados

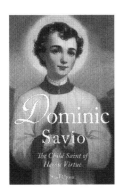

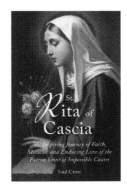

Made in the USA
Columbia, SC
30 October 2024

45275517R10050